7 hügel

_träumen

7 hügel——**Bilder und Zeichen des 21. Jahrhunderts**

VII) träumen

SINNE, SPIELE, LEIDENSCHAFTEN:
ÜBER DIE SUBJEKTIVE SEITE DER VERNUNFT

Herausgegeben von Bodo-Michael Baumunk und Margret Kampmeyer-Käding

Henschel | Berliner Festspiele

7 hügel——Bilder und Zeichen des 21. Jahrhunderts 14. Mai — 29. Oktober 2000

im Martin-Gropius-Bau Berlin Eine Ausstellung der Berliner Festspiele

Ermöglicht durch die Stiftung Deutsche Klassenlotterie Berlin

SCHIRMHERR **Bundespräsident Johannes Rau**

VERANSTALTER **Berliner Festspiele GmbH** Intendant **Prof. Dr. Ulrich Eckhardt** | Geschäftsführung **Hinrich Gieseler**

AUSSTELLUNGSLEITUNG **Bodo-Michael Baumunk, Gereon Sievernich**

——IMPRESSUM I) **kern** Wissenschaftliche Konzeption **Dr. Peter Bexte** | Gestaltung **Ken Adam, London** | Wissenschaftliche Mitarbeit **Livia Bade, Ulrike Goeschen, Maria Kayser, Tilo Plake** II) **dschungel** Wissenschaftliche Konzeption **Dr. Jasdan Joerges** | Die Abteilung Dschungel wurde bis Dezember 1998 von **Eleonore Hein** konzeptionell betreut | Gestaltung **Tina Kitzing, Augsburg** | Wissenschaftliche Mitarbeit **Daniela Kratzsch, Anne Pfeil** III) **weltraum** Wissenschaftliche Konzeption **Dr. Ralf Bülow** | Gestaltung **Charles Wilp, Düsseldorf**, »Mondhaus« **Hans-J. Schmitt** | Wissenschaftliche Mitarbeit **Ekkehard Endruweit** IV) **zivilisation** Wissenschaftliche Konzeption **Dr. Thomas Medicus** | Die Abteilung Zivilisation wurde seit August 1999 von **Jean-François Machon** betreut | Gestaltung **Lebbeus Woods, New York** | Wissenschaftliche Mitarbeit **Jean-François Machon** V) **glauben** Wissenschaftliche Konzeption **Eva Maria Thimme** | Gestaltung **Gerrit Grigoleit, Lars Gräbner, Berlin** | Wissenschaftliche Mitarbeit **Miriam Rieger** VI) **wissen** Wissenschaftliche Konzeption **Dr. Hendrik Budde** | Gestaltung **Edouard Bannwart, Berlin** | Wissenschaftliche Mitarbeit **Bernd Graff** VII) **träumen** Wissenschaftliche Konzeption **Dr. Margret Kampmeyer-Käding** | Gestaltung **Kazuko Watanabe, Berlin** | Wissenschaftliche Mitarbeit **Annette Beselin, Philipp von Hilgers, Saskia Pütz**——WEITERE WISSENSCHAFTLICHE MITARBEIT **Dr. Anna Czarnocka-Crouillère, Dr. Michaela Diener, Sabine Hollburg, Christoph Schwarz, Maya Shikata-Bröker**——PRODUKTION **Christian Axt** | Produktionsbüro **Josef Binder** (ab November 1999), **Joachim Bredemeyer, Andreas Glücker, Christoph Schmuck** (bis Dezember 1999), **Susanne Walther** | Lichtgestaltung **Michael Flegel** | Medientechnik **Dr. Reiner Chemnitius** | Statik **Gerd-Walter Miske** | Sekretariat **Ingrid Schreiber, Evelyn Simhart** | Modellbau **Monath & Menzel (Berlin), Dwayne Oyler (New York)**——ORGANISATION Koordination und Leihverkehr **Sabine Hollburg, Regina Gelbert, Christoph Schwarz** | Ausstellungsbüro **Bärbel E. Fickinger, Claudia Simone Hoff, Michaela Illner, José Jupy, Elke Kupschinsky** | Projektverwaltung **Thomas Schwarz** | EDV-Betreuung **Dr. Saleh Salman**——KONSERVATORISCHE BETREUUNG **Klaus Büchel, Ernst Bartelt, Friederike Beseler, Petra Breidenstein, Ekkehard Kneer, Rüdiger Tertel**——KATALOG I) **kern** Redaktion **Dr. Peter Bexte** | Mitarbeit **Ulrike Goeschen** II) **dschungel** Redaktion **Dr. Jasdan Joerges** | Mitarbeit **Daniela Kratzsch und Anne Pfeil** III) **weltraum** Redaktion **Dr. Ralf Bülow** IV) **zivilisation** Redaktion **Dr. Thomas Medicus** | Mitarbeit **Jean-François Machon** V) **glauben** Redaktion **Eva Maria Thimme** VI) **wissen** Redaktion **Dr. Hendrik Budde** | Mitarbeit **Bernd Graff** VII) **träumen** Redaktion **Dr. Margret Kampmeyer-Käding** | Mitarbeit **Saskia Pütz** | Gesamtredaktion und Koordination **Dr. Michaela Diener, Elke Kupschinsky** | Bildredaktion **Christoph Schwarz** | Grafische Gestaltung *fernkopie*: **Matthias Wittig, Claudia Wittig, Stefanie Richter, Sonja Jobs, Antonia Becht** | Übersetzungen **Dr. Ralf Bülow** (Englisch), **Dr. Gerd Burger** (Englisch), **Hatice Demircan** (Englisch), **Youssef El Tekhin** (Arabisch), **Doris Gerstner** (Englisch), **Dr. Gennaro Ghirardelli** (Englisch), **Ulrike Goeschen** (Englisch), **Dr. Henning Schmidgen** (Englisch), **Andreas Vollstädt** (Englisch)——PRESSE- UND ÖFFENTLICHKEITSARBEIT **Nana Poll, Annette Rosenfeld** | Mitarbeit **Anna Badr** | Übersetzungen **Liliane Bordier** (Französisch), **Anna Cestelli Guidi** (Italienisch), **Dr. Anna Czarnocka-Crouillère** (Polnisch), **Stephen Locke** (Englisch), **Veronika Mariaux** (Italienisch), **Maria Ocon Fernandez** (Spanisch), **Holly Jane Rahlens** (Englisch), **Christine Rädisch** (Russisch), **Maya Shikata-Bröker** (Japanisch)——TRANSPORTE/VERSICHERUNGEN **Hasenkamp Internationale Transporte GmbH & Co. KG** | **Kuhn und Bülow Versicherungsmakler GmbH**

——VERLAGSIMPRESSUM **Die Deutsche Bibliothek – CIP-Einheitsaufnahme.** Ein Titelsatz für diese Publikation ist bei Der Deutschen Bibliothek erhältlich. ISBN 3-89487-344-2 **Kern** | ISBN 3-89487-345-0 **Dschungel** | ISBN 3-89487-346-9 **Weltraum** | ISBN 3-89487-347-7 **Zivilisation** | ISBN 3-89487-348-5 **Glauben** | ISBN 3-89487-349-3 **Wissen** | ISBN 3-89487-350-7 **Träumen** | ISBN 3-89487-356-6 **Gesamtpaket** | © 2000 by Berliner Festspiele GmbH, Autoren und Henschel Verlag in der Dornier Medienholding GmbH, Berlin | Die Verwertung der Texte und Bilder, auch auszugsweise, ist ohne Zustimmung des Verlags urheberrechtswidrig und strafbar. Dies gilt auch für Vervielfältigungen, Übersetzungen, Mikroverfilmungen und für die Verarbeitung mit elektronischen Systemen | Grafische Gestaltung *fernkopie*: **Matthias Wittig, Claudia Wittig, Stefanie Richter, Sonja Jobs, Antonia Becht** | Druck und Bindung **Westermann Druck Zwickau** | Printed in Germany | Gedruckt auf alterungsbeständigem Papier mit chlorfrei gebleichtem Zellstoff——COPYRIGHT-HINWEISE © für die abgebildeten Werke bei den Leihgebern und Autoren, bei den Künstlern oder ihren Rechtsnachfolgern sowie den Bildagenturen: © VG Bild-Kunst, Bonn 2000 für **Bettina Allamoda, Herbert Bayer, Max Beckmann, Karl Blossfeldt, Giorgio de Chirico, Max Ernst, Raoul Hausmann, Wifredo Lam, Germaine Richier, Brigitte Schirren, Anna Franziska Schwarzbach, Katharina Sieverding, Sophie Taeuber-Arp** | © VG Bild Kunst, Bonn/DACS, London für **Francis Bacon** | © VG Bild-Kunst Bonn/Demart Pro Arte, Paris – Genf für **Salvador Dali** | © VG Bild Kunst, Bonn/ADAGP, Paris für **Le Corbusier, René Magritte** | © VG Bild-Kunst, Bonn/SABAM, Brüssel für **Jan Fabre** | © VG Bild-Kunst, Bonn/Pro Litteris, Zürich für **Cornelia Hesse-Honegger, Meret Oppenheim** | © VG Bild-Kunst, Bonn/Succession Matisse, Paris für **Henri Matisse** | © VG Bild-Kunst, Bonn/ARS, New York für **Georgia O'Keeffe** | © VG Bild-Kunst, Bonn/VEGAP, Madrid für **Jaume Plensa** | © Anton Räderscheidt – VG Bild-Kunst, Bonn für **Anton Räderscheidt** | © Albert Renger-Patzsch Archiv – Ann und Jürgen Wilde, Zülpich/VG Bild-Kunst, Bonn 2000 für **Albert Renger-Patzsch** | © 2000 Oskar Schlemmer, Archiv und Familien-Nachlass, I-28824 Oggebio für **Oskar Schlemmer** | Bildnachweis Umschlag siehe Anhang

_____DANKSAGUNG FÜR BERATENDE MITWIRKUNG **Prof. Dr. Christina von Braun**
Berlin _____FÜR WISSENSCHAFTLICHE BERATUNG UND KOOPERATION Computer-
spielemuseum Berlin | Deutsches Spielkartenmuseum, Leinfelden-Echterdingen | Freie
Universität Berlin, Institut für Neurobiologie | Humboldt-Universität zu Berlin, Charité
Universitätsklinikum und medizinische Fakultät | Hochschule für Film und Fernsehen
Potsdam-Babelsberg | Humboldt-Universität zu Berlin, Seminar für Ästhetik | Kunst-
hochschule für Medien, Kunst- und Medienwissenschaften, Köln | Museum für Völker-
kunde zu Leipzig | Staatliche Museen zu Berlin, Ethnologisches Museum | Staatliche
Museen zu Berlin, Kunstgewerbemuseum | Staatliche Museen zu Berlin, Museum für
Islamische Kunst | Stiftung Preußische Schlösser und Gärten Berlin-Brandenburg

_____UNSER DANK GILT DARÜBER HINAUS **Mounir Al Shaarani** Kairo **Prof. Dr. Karl-Hermann Andres** Bochum
D. Scott Atkinson San Diego, CA **Fritz Bless** Berlin **René Block** Kassel **Rom Bohez** Gent **Prof. Dr. Alexander Dückers**
Berlin **Ulrike Eichner** Berlin **Youssef El Tekhin** Berlin **Dr. Volkmar Enderlein** Berlin **Prof. Dr. Bernd Evers** Berlin
Dr. Marion Faber Nürnberg **Dr. Manuela Fischer** Berlin **Suzanne Folds McCullagh** Chicago **Dr. Maria Gaida** Berlin
Dr. Giovanni Galizia Berlin **Dipl.-Tonmeister Rolf-Dieter Gandert** Berlin **Dipl.-Ethn. Dieter Grundmann** Leipzig
Marcus Günther Düsseldorf **Prof. Dr. Wolf-Dieter Heilmeyer** Berlin **Prof. Dr. Klaus Helfrich** Berlin **Romuald Hazoumé** Porto Novo, Benin **Prof. Dr. Hans Holländer** Aachen
Saskia Hüneke Potsdam **Prof. Dr. med. Volker Jahnke** Berlin **Dany Keller, Galerie Dany Keller** München **Dr. Thomas Kemper** Berlin **David L. Kencik** San Diego, CA **Prof.
Dr. Friedrich Kittler** Berlin **Heidrun Klein** Berlin **Dr. Annette Köger** Leinfelden-Echterdingen **Dr. Jens Kröger** Berlin **Andreas Lange** Berlin **Dr. Heide Leigh-Theisen** Wien
Janice Madhu Rochester, USA **André Magnin** Paris **Prof. Dr. Randolf Menzel** Berlin **Eva Mühlbächer** Berlin **Prof. Dr. Barbara Mundt** Berlin **Prof. Dr. Günther Petzold** Pots-
dam-Babelsberg **Dr. Michael Roth** Ulm **Lars Rütz** Berlin **Dr. Ulrich Schädler** Frankfurt am Main **Dr. Angela Schneider** Berlin **Prof. Dr. Peter-Klaus Schuster** Berlin **Volker
Seitz** (ehem. Botschafter der Bundesrepublik Deutschland) in Benin, Afrika **Prof. Fred Jeremy Seligson** Seoul **Prof. Katharina Sieverding** Düsseldorf/Berlin **Dr. Luh Ketut
Suryani** Bali **Dr. Thomas H. Thomsen** Königstein/Taunus
Margitta Tretter Berlin **Prof. Georg Trogmann** Köln **Gün-
ter Venzke, Alte Asiatische Kunst** Berlin **Bernd Voss** Köln
Prof. Eku Wand Berlin **Prof. Ulrich Weinberg** Potsdam-
Babelsberg **Prof. Dr. Beat Wyss** Stuttgart _____UNTER-
STÜTZENDE UNTERNEHMEN **BVG, Berliner Verkehrs-
betriebe | DaimlerChrysler Services (debis) AG | Kronos
Consulting, Berlin**

unterstützt durch	artemedia	ATR	fubac	hp HEWLETT PACKARD	sgi The solution is sight	HONDA
	KUKA	NEC Eine Idee voraus.	SONY	SELZER FLIPZUG		Lufthansa
Medienpartner	radio kultur	B1. Das Berlin-Fernsehen vom SFB	DeutschlandRadio Berlin			

①

②

③

Masken von Romuald Hazoumé ❶ 7/45 Zemi, 1997 ❷ 7/44 Schmollen, 1998 ❸ 7/47 Zemidjan, 1977 ❹ 7/43 Ovan, 1997 ❺ 7/46 Bürgerin, 1997

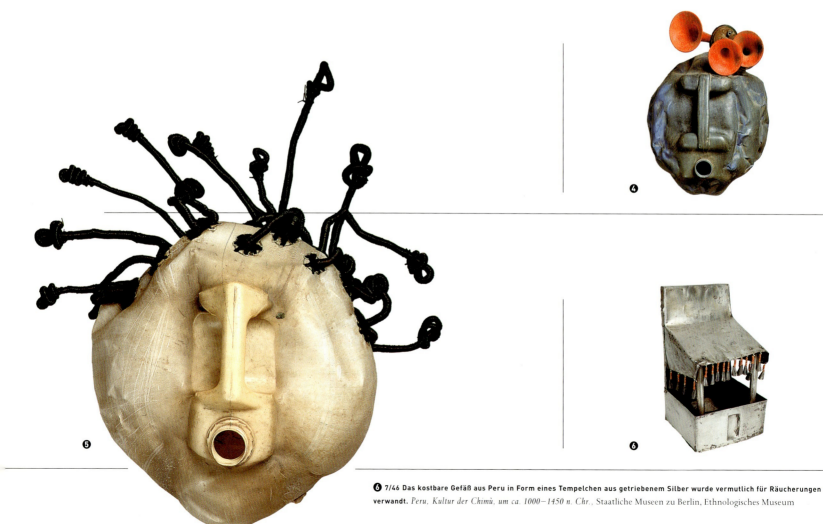

④

⑤

⑥

❻ 7/46 Das kostbare Gefäß aus Peru in Form eines Tempelchen aus getriebenem Silber wurde vermutlich für Räucherungen verwandt. *Peru, Kultur der Chimù, um ca. 1000–1450 n. Chr.*, Staatliche Museen zu Berlin, Ethnologisches Museum

)vorwort

————— BODO-MICHAEL BAUMUNK ————— MARGRET KAMPMEYER-KÄDING

Am Schlusspunkt dieser Ausstellung, der auch der Auftakt hätte sein können, steht das *Imaginäre* und das *Subjektive* des menschlichen Erlebens und Urteilens. Nachdem im 20. Jahrhundert die Hirnforschung, ebenso wie die Computerwissenschaften einen großen Sprung nach vorn taten, schien es bald, als wäre auch unser Denken und Fühlen vollständig objektivierbar. Die Erkenntnisse der Hirn- und Genforscher gestatteten es, in weitem Vorgriff die Materie hinter sich zu lassen, neue Schöpfungsphantasien zu entwickeln, in denen die Hirne als datenverarbeitende Systeme bereits ohne den Träger vorstellbar wurden: als Ideal die »Back-up-Kopie« des Hirns. Avantgardisten und Cyber-Utopisten sind auf einen Idealismus eingeschworen, der die Grenzüberschreitung an sich zum Programm hat. Der Körper – eine solche Grenze – ein überlebtes Relikt? ————— Die Bilanz eben derselben Wissenschaften hält zum Beginn des neuen Jahrhunderts freilich auch eine ganz andere Option offen: Vernunft und Gefühl als untrennbare Einheit, der Körper als Quell und Ausgangspunkt jeder Erfahrung. Seit einigen Jahren schon tritt ausgerechnet die Hirnforschung den Beweis hierfür an. *Wissen, Erfahrung, Gedächtnis, auch unsere Sprache ist im Körper verankert, mehr noch: ohne Emotion keine Urteilskraft.* Es gilt, nach der langen, vor allem philosophischen Tradition der Abwertung emotionaler Qualitäten, ein neues Selbst-Bewusstsein und -Verständnis zu finden. »Die wahren Wissenschaften sind diejenigen, die dank der Erfahrung durch die Sinne gegangen sind« – Leonardo da Vincis Bemerkung steht am Beginn der Neuzeit nicht allein.

7 7/78 Der kleine anmutige »Tanzende Silen« aus der Zeit um 500/450 v. Chr. ist einer der halbtiergestaltigen Begleiter des Dionysos. Madrid, Museo Archeologico Nacional

❼

Montaignes »Essais« sind durchtränkt von der Maxime, die Sinne seien Anfang und Ende aller Erkenntnis. Das Selbstbewusstsein der Neuzeit erwuchs gerade aus der Zuwendung zur diesseitigen Welt, zur Materie, zum Stofflichen, zur Annahme subjektiven Erlebens, in dem erst Individualität erfahren wurde. Noch heute erleben wir unsere Gefühlswelt und Individualität auf diese Weise. Trotz der sinnlichen Verarmung unserer Alltagswelt im Zuge des Zivilisationsprozesses hat nach wie vor nur das Aussicht auf Akzeptanz, was unsere Sinne anspricht. Werbung und andere Lifestyle-Strategien waren sich dessen immer gewiss. ————— Am Anfang des 21. Jahrhunderts wird deutlich, dass das evolutionäre Erbe des Menschen, das ihn nachdrücklich als Teil der Natur situiert, auf unser Bewusstsein durchschlägt. Heftiger noch ist die Frage nach den unbewusst ablaufenden Prozessen im Hirn; provokant die These, unsere Urteile und Entscheidungen seien längst vorbewusst ausgemacht. Die Einbindung des Menschen in die Natur verträgt sich schlecht mit materieüberwindenden Konzepten idealistischer Provenienz, und doch sind sie beharrlich, einmal ausgesprochen, in der Realität der Phantasie. ————— Die Ausstellung konfrontiert den Besucher mit den klassischen Erfahrungs-»Räumen«, in denen sich in jahrhundertelanger Exklusivität der Schaffensprozess allein des Künstlers realisiert hat: die »tosende Leere« vor der unbemalten Leinwand und dem unbeschriebenen Blatt, Traumgebilde und Einbildungskraft, Sinne und Leidenschaften, die Nacherschaffung der Welt im Spiel, der schöpferische Dialog mit den Naturwissenschaften. Aber – und dies heißt eine Tradition der großen Kunstrevolutionen des zurückliegenden Jahrhunderts aufnehmen – der Weg zu kreativer Ich-Bildung, zum schöpferischen Umgang mit der eigenen Subjektivität steht nunmehr jedem offen.

❶

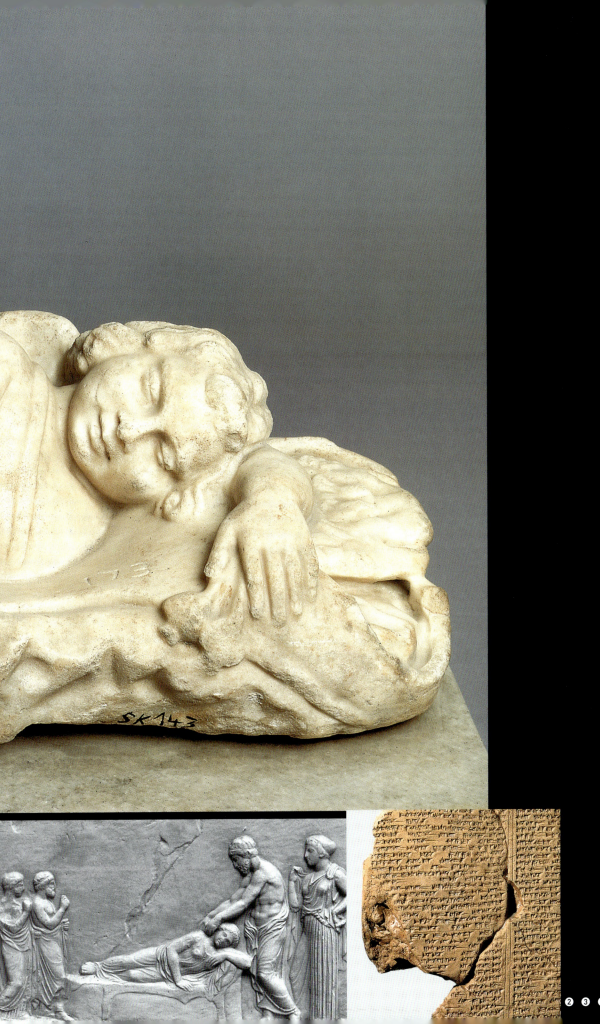

❷ ❸ ❹

❷ 7/5 »Der Traum Jacobs«
mit der Vision der Engelsleiter
und der Erscheinung Gottes,
die für ihn und seine Nach-
kommen Land und Schutz ver-
heißt (Gen. 28, 12–14).
*Domenico Fetti hat den Träu-
menden 1615 im Angesicht
seiner Vision als Schwebenden
dargestellt.* Kunsthistorisches
Museum Wien

❷ 7/21 Der ›Rosenroman‹,
die erste große französische
Dichtung des Mittelalters,
ist eine höfische Liebeslehre
in Form einer Traumerzäh-
lung. *Der Dichter selbst ist
der Träumende. Dargestellt ist
das erste Bild der Eingangs-
miniatur, deren weitere ihn auf
seinem Spaziergang zum Garten
des Herrn Frohsinn zeigen,
wo er seine Geliebte, verkörpert
in einer Rose, finden wird.
Mit dem Rosenroman wird die
Traumerzählung zur Kunstform,
ihre Illuminationen zum Vorbild für die bildliche Darstellung von Träumen.* Paris, Bibliothèque nationale de France

❸ 7/22 Der träumende Dichter
und Traum vom Liebesgarten,
in den er gerade eintritt.
*Illustrationen aus der berühm-
ten Ausgabe des ›Rosenromans‹
der British Library in London,
15. Jahrhundert.*

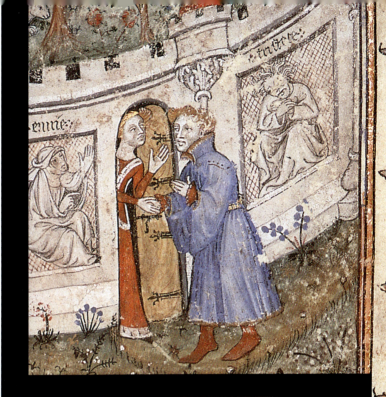

1

① 7/7 »Herkules am Scheideweg«. *Dem träumenden Herkules erscheinen die Wege des Lasters und der Tugend in Gestalt junger Frauen.* Budapest, Szépművészeti Múzeum (Museum der bildenden Künste) **②** 7/17 »**Der Traum der Vernunft erzeugt Ungeheuer**«. *Goya zeigt den Künstler nächtens über der Arbeit niedergesunken, umflattert von Nachtgetier. Titel und Darstellung sind rätselhaft geblieben. Im Motiv der melancholischen Pose klingt das Thema der Inspiration des Künstlers an. Goya hat dieses Blatt zunächst als Titel seiner »Caprichos«-Folge vorgesehen, in der er seine Nachtgedanken formulierte.* Staatliche Museen zu Berlin, Kupferstichkabinett **③** 7/4 **Allegorie des Lebens als Traum und Täuschung.** *Ein posaunender Engel weckt einen sinnierenden Jüngling aus Traum und Melancholie. Seine Welt ist umgeben von einem Reigen der Todsünden, sein scheinbar stabiler Sitz enthält nur Theatermasken. Das Bild aus der Casa Buonarroti in Florenz ist eine Kopie nach einer Zeichnung Michelangelos.*

2

3

01 _ traumkino)

7/23 **Relief vom Venusbrunnen mit schlafender Venus und Satyr, Holzschnitt aus der ›Hypnerotomachia Poliphili‹
von Francesco Colonna, 1499.** *Im ›Traumliebesstreit‹, einem Gelehrten- und Liebesroman, schildert Poliphilus seinen Traum
von der Suche nach der Geliebten Polia, die er schließlich findet und mit ihr zur Liebesinsel Cythera fährt. Der Brunnen
steht am ersten idyllischen Ort seiner Reise durch das Reich der Freude und Fruchtbarkeit.* Staatliche Museen zu Berlin,
Kupferstichkabinett

—— MARGRET KAMPMEYER-KÄDING

Der Traum ist ein dritter Bewusstseinszustand neben dem Wachsein und dem Schlaf, seine existenzielle Bedeutung für den Menschen – und für alle Säuger – unbestritten. Wozu aber träumen wir? Laufen nachts die Hirnspeicher leer? Ist es eine Methode der Erinnerungsverarbeitung, wie einige Hirnforscher vermuten? Ist der Traum ferner ein Optimierungsprogramm des Hirns, das mit den Säugern und Warmblütern entstand? Denn nicht nur wir, auch das Schnabeltier träumt. ____ Hatte an der letzten Jahrhundertwende Sigmund Freud mit seiner *Traumdeutung* das Tor zum Unbewussten weit aufgestoßen, so folgten Ende der fünfziger Jahre die Naturwissenschaften mit neuen Impulsen. Seither ist das Nachtkino eines der spannendsten Kapitel der Hirnforschung. Noch von einer weiteren Perspektive fällt Licht auf das Traumthema. Das Interesse für die psychischen Energien des Menschen richtete den Blick auch auf die Trance- und Traumtechniken der Heilkunst außereuropäischer Kulturen. Die westliche Verachtung der einst als primitiv bezeichneten Praktiken weicht einer wachsenden Anerkennung, dem Geheimnis ihrer Erfolge wird mit experimenteller Forschung nachgespürt. Die Ergebnisse lassen vermuten, dass unser bewusstes Leben nur einen kleinen Ausschnitt unserer Existenz darstellt. Hierin spielt der Traum eine große Rolle, die ihm in Europa mit dem Rationalismus abgesprochen worden war. Bis dahin, bis in das 17. Jahrhundert hinein, war der Traum auch in der Philosophie als Mittel der Erkenntnis und der Wahrheit anerkannt. Ganze Gedankengebäude wurden mit einem Traum eingeleitet, sinnierende Philosophen und Dichter als Einschlafende dargestellt, die träumend Inspiration erwarteten. Künstlern, Dichtern und Denkern allerdings ist die Nachtseite des Erlebens als eine Sphäre schöpferischer und emotionaler Energie nie fremd geworden._____ Grundlegend in außereuropäischen Kulturen und unserer eigenen vergangenen ist die Annahme, dass der Traum den gleichen Realitätsgehalt habe wie das Wachsein. Michele Stephen, Anthropologin an der La Trobe Universität in Melbourne, berichtet für den transpazifischen Raum, wo die alten Traum- und Heiltraditionen nach dem Ende kolonialer Kontrolle vielfach und mit steigender Tendenz wiederbelebt werden, dass der Traum als emotionaler Bewusstseinszustand deshalb hochgeschätzt sei, als er das Nichtdenkbare, da nichtsprachlich Imaginierte erlebbar mache, das wiederum nachhaltig in das Bewusstsein hineinwirke. Diese Eigenschaft und die Privatheit der Träume, ihre volkstümliche Anerkennung und Pflege durch Schamanen, machten sie autoritären Regimen suspekt. Unter dem Kolonialismus wie auch in kommunistischen Regimen galten Träume als subversiv, wurden Traumdeutung und -heilung verboten. In der Tat werden spezielle Techniken angewandt, um die Träume für das wache Leben zu nutzen. Eine gezielte Lenkung der Traumenergien auf hohem Niveau hat der tibetanische Buddhismus ausgebildet, der im Traum-Yoga die Erlangung höheren Bewusstseins und die Stärkung der psychischen und körperlichen Energien zu erreichen sucht. Entschieden weniger spirituell gibt sich die noch ausgeübte Praxis der malayischen *Senoi*, durch stete Traumbesprechung Ängste zu bannen, die Psyche des Einzelnen und den Zusammenhalt der Stammesmitglieder zu stärken._____ Die sehr enge Verbindung von Traum und Heilkunst erklärt sich aus der gleichermaßen mentalen wie physischen Bestimmtheit des Traums. Eine Störung der Körper-Geist-Balance ist über den Traum deshalb nicht nur ablesbar, sondern auch zu beeinflussen. In der Frühzeit der griechischen Antike gehörte der Traum denn auch zu den chthonischen, erdverhafteten Kulten, die eng mit dem Körper verbunden sind. In einer besonderen Form der Heilung, der Inkubation oder dem Tempelschlaf, die bereits in den indischen Veden erwähnt wird und in der Antike weite Verbreitung erfuhr, erfolgte die Heilung durch das psychische Erlebnis der Erscheinung des Heilgottes im Traum. Über den alten Orient und Ägypten verbreitete sie sich in Griechenland, wo sie vor allem zur Wirkungsweise des Heilgottes Asklepios gehörte._____ Sehr viel umfassender aber ist die Auffassung des Traums als chiffrierte Handlungsanweisung und Botschaft. Diese Vorstellung ist nahezu universal und in den frühen Kulturen religiös bestimmt. Hier wird Traum als medialer Zugang zum übersinnlichen Götter- oder Totenreich vorgestellt. Zu den eindrucksvollsten und ältesten Traumvorstellungen gehört die der sibirischen Schamanen, den Mittlern zwischen den

❶ 7/2 p, o, m, n Jagdwaffen der Senoi und Details. *Die Blasrohre bestehen aus zwei ineinander gesteckten Bambusrohren; der Speer ist ein Holzspeer, eiserne Spitzen hierfür erhielten die Senoi in den Dörfern der malayischen Landbevölkerung.* Museum für Völkerkunde zu Leipzig ❷ 7/2 a Wickelrock für Frauen aus Rindenbast. *Frauen und Mädchen der Semai schmücken ihre Kleidung gern mit duftenden Grasbüscheln.* Museum für Völkerkunde zu Leipzig ❸ 7/2 i, h, g, d, c, e Nasenflöte und Bambusflöte, Taschen und Täschchen für verschiedene Kleinigkeiten und Genussmittel. Zwei Armreifen für Handgelenk und Oberarm. *Museum für Völkerkunde zu Leipzig*

Der Stamm der Senoi aus dem Dschungelhochland von Westmalaysia, bei dem noch heute eine rege Traumbesprechung stattfindet, war Ausgangspunkt einer Methode psychologischer Traumarbeit, die vor allem in den Vereinigten Staaten als Senoi-Traumtheorie bekannt ist. Wie andere alte Kulturen erachten die Senoi Träume als Erlebnisse der Traumseele, die den Körper während des Schlafs verlässt. Träume werden am Morgen besprochen, Angst gebannt. Die »Traumtheorie« der Senoi geht auf Kilton Stewart zurück, der 1934 als erster Psychologe den Stamm besuchte, die Senoi als ungewöhnlich angst- und regressionsfrei beschrieb und dies auf die Besprechungen und auf eine besondere Traumlenkung durch den Träumenden zurückführte. Zunächst unbeachtet, wurde die von ihm formulierte Traumtechnik in den sechziger Jahren von der antibürgerlichen Bewegung in den Vereinigten Staaten zum Vorbild eines authentischen friedlichen Zusammenlebens. Trotz starker Zweifel an den Beobachtungen Stewarts etablierte sich die »Senoi-Methode« und wird bis heute angewandt, so im Senoi-Jung-Institute in Berkeley/Kalifornien._____ Als Urwaldvolk sind die Senoi, die sich hauptsächlich in Plé-Temiar und Semai unterteilen, vor allem Jäger und Sammler, Fischer und Fallensteller. Die materielle Kultur ist arm, Bambus das Hauptmaterial. Aus ihm entsteht die Konstruktion ihrer Behausungen, Geräte für die Jagd, den Haushalt, Kleidung und Schmuck. Nur wenig davon ist überliefert. Die hier ausgestellten Objekte sind einst von Paul Schebesta und Giovanni Battista Cerruti zusammengetragen worden, die beide zu den ersten Erforschern dieses Stammes gehören. Cerruti war ein Entdecker- und Abenteurer aus Genua, der 1881 von dem »primitiven« Volk in Malaysia erfuhr und hier die folgenden fünfzehn Jahre verbrachte. Schebesta, Steyler-Missionar und Anthropologe, hielt sich 1924/25 und 1938/39 in Malaysia auf. Seine Sammlung befindet sich heute in Wien und Leipzig.

❶

❷ ❸

01_2)senoi _____MARGRET KAMPMEYER-KÄDING

Welten, Heiler und Ratgeber, die selbst durch Traumerweckung berufen werden und in psychisch erschöpfenden rituellen Traumreisen Kontakt mit den Ahnen aufnehmen. Vertrauter sind uns die Träume der mittelmeerischen Kulturen, an die Freud ausdrücklich anknüpfte: die großen Traumgeschichten des Alten Testaments, die Träume von Daniel, Jacob und Joseph, desgleichen die Träume im Talmud, historische Träume wie die Alexanders des Großen, Scipios, Harun-al-Raschids und andere Die großen Mythen und Legenden der Menschheit heben mit einem vorhersagenden Traum an, allen voran das *Gilgamesch-Epos.* Aus neuerer Zeit seien Descartes und aus jüngerer Zeit der Begründer der Kohlenstoffchemie Kékulé von Stradonitz genannt, denen nach eigenem Bekunden Träume den Anstoß zu ihren neuen Erkenntnissen und Formeln gaben. Für alle gilt, dass der Traum Bedeutung erst durch die Interpretation erhält. Abseits der großen überlieferten Schicksalsträume der Auserwählten und Könige, künden Traumbücher, auch die große Zahl populärer Publikationen, von der Verbreitung dieser Praxis. In dem Maße, wie die jeweilige Kultur an Kraft verlor, schwanden die großen Träume mit öffentlichen Symbolen, die im Bann der Mythen standen. Diese Beobachtung, die Peter Burke zitiert, war auf die nordamerikanischen Indianerkulturen um die letzte Jahrhundertwende gemünzt, kann aber auf jedwede andere bezogen werden. Dies bestätigt ein Dokumentarfilm von Arto Halonen aus dem Jahre 1998 über die *Senoi,* in dem einer der Schamanen erzählt, dass große Träume selten geworden seien und stattdessen Alltägliches dominiere. Einen Sujetwechsel von öffentlichen zu privaten Themen macht Burke in Europa nicht nur für den Traum, sondern auch für die Kunst und Literatur seit dem 17. Jahrhundert aus. Diese ausschließlich individuelle Traumwelt sollte Freud als den Königsweg ins Unbewusste bezeichnen, als chiffrierte Botschaften der Psyche.——— Neben naturwissenschaftlicher Traumforschung und Psychoanalyse könnte die stärkere Beachtung nicht rationaler Traditionen als dritte Kraft neue Anstöße geben. Eine ungewöhnliche Idee wird seit einigen Jahren in Indien mit Traum-Workshops für Manager und Angestellte erprobt. Ihre Initiatorin Anjali Hazarika, Direktorin des National Petroleum Management Programme in New-Delhi, sieht in den erfolgreichen Seminaren den Weg zu effektiver Corporate Creativity, da er über die Bezähmung von Ängsten und die Freisetzung von Energien zu größerem Selbstbewusstsein und zu mehr Entscheidungsfreude führe. Ob gemeinschaftliche Traumpflege auch dem individualistischen Europäer zusagte, sei dahingestellt. Mit zunehmender Kenntnis der unbewussten Anteile unseres Selbst aber und ihrer Wirkungsweise wird dem Traumerleben in der Zukunft wohl ein größeres Gewicht beigemessen werden und der Traum ein stärkeres öffentliches Interesse beanspruchen.

Die antike Traumdeutung diente nicht der Persönlichkeitsanalyse des Träumenden, sondern seiner Schicksalsbestimmung. ——— Neben den großen Visionsträumen der Herrscher und Priester galten Träume in allen Schichten als Erkenntnisquelle des persönlichen Glücks: professionelle Traumdeutung war ein gängiges Geschäft. Als Leitfaden für Berufsdeuter sowie als Anleitung zur Selbstauslegung existierten Traumbücher mit konkreten Deutungen. Die älteste bekannte oneiromantische Schrift ist der altägyptische *Chester-Beatty-Papyrus.* Die hieratische Schrift stammt aus der Zeit um 1200 v. Chr., geht aber wahrscheinlich auf eine 600 Jahre ältere Vorlage zurück und ist in der schlichten Konzeption und alltagsnahen Deutung typisch für die frühen Traumbücher. ——— Erst in den nachchristlichen Jahrhunderten entstand eine systematische Theorie des Traums und seiner Deutung. Wegweisend für alle spätere Traumliteratur war das Oneirokritikon des Griechen Artemidor von Daldis aus dem 2. Jahrhundert: ein fünfbändiges Kompendium der antiken Traummantik. ——— Doch für den täglichen Gebrauch war die Abhandlung zu komplex. Alphabetisch geordnete Volkstraumbücher füllten diese Lücke, deren bekanntestes ab dem 4. Jahrhundert unter dem Pseudonym des Propheten Daniel kursierte. In Europa fand dieses Nachschlagewerk seit dem Mittelalter als Somniale Danielis weite Verbreitung. Es gilt als Quelle unzähliger Deutungsbücher, die bis ins 19. Jahrhundert

01_3)**traumbücher:** zwar überliefert sind, von den exakten Wissenschaften jedoch ins abergläubische Abseits gedrängt wurden. ——— Eine ebenso klassische Autorität wie Daniel in Europa ist in der arabischen Welt Muhammad Ibn Sirin. Seit dem 9. Jahrhundert wurde in seiner Person eine Fülle an Traumerzählungen und Deutungen zusammengefasst, deren einflussreichste Tradition der Koran selbst darstellt.

schlüssel für die tür zwischen tag und nacht ——SASKIA PÜTZ

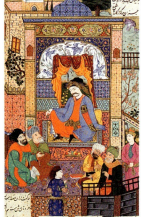

❶ 7/19 Sam fragt die Mubads nach der Bedeutung seines Traumes, Miniatur aus dem ›Sâh-nâma‹ des Firdausi, 1605. Staatsbibliothek zu Berlin – Preußischer Kulturbesitz
❷ 7/18 Traumbuch von Kenherkhepeshef, altägyptische Papyrusrolle, ca. 1200 v. Chr. Fragment, London, The British Museum

)das einfachste ist das schwierigste

Kazuko Watanabe, bisher haben Sie als Kostüm- und Bühnenbildnerin ausschließlich für Theaterinszenierungen gearbeitet. Was hat Sie dazu bewogen, zum ersten Mal bei einer Ausstellung die Gestaltung zu übernehmen? Wie unterscheidet sich diese Arbeit von Ihrer bisherigen? ——— Die Aufgabe bei einer Ausstellung ist viel grundsätzlicher als bei einer Theaterarbeit. Die Haltung zu Zeit, Umwelt und Thema muss genau formuliert werden, was mich in einer ganz anderen Weise fordert, als die Arbeit im Theater. Der Gegenstand der Auseinandersetzung ist die Realität und nicht die Fiktion. Die Herausforderung, dieses für mich zu definieren, hat mich bewogen, das Angebot, an der Ausstellung mitzuarbeiten, anzunehmen. Ich bin sicher, dass meine Arbeit auch Auswirkungen auf meine zukünftige Theaterarbeit haben wird. ——— *Was hat Sie speziell an diesem Ausstellungsthema gereizt und wie sind Sie gestalterisch darauf eingegangen?* ——— Die Auseinandersetzung »Natur und Technik«: wie weit geht die Technologie, führt sie zu einer Zerstörung der Natur oder ist ein Zusammengehen Natur-Technik möglich, können sie sich sogar ergänzen? Ein Zurückgehen ist gar nicht möglich, da die Technik bisher schon so viel Umwelt zerstört hat. Ausgangspunkt meiner Überlegung zur Abteilung »Träumen« war mein eigenes Ich in Umwelt, Natur und Technik, meine Erfahrungen und meine Erziehung in Japan, meine Konfrontationen, Beobachtungen und Zweifel zwischen zwei Welten. In Europa ist die Natur sehr passiv und bescheiden verglichen mit Japan, wo die Naturkräfte so stark sind, dass ohne Rücksicht darauf kein Leben mit der Technik möglich ist. ——— *Die Gestaltung der Abteilung verfolgt durch die unterschiedlichen Raumthemen hindurch stringent eine Idee: das Einhüllen des Raumes mittels farbiger Papiermembranen. Der eigentliche Raum bleibt dabei leer. Wie ist das Konzept dieser Leitidee entstanden?* ——— Der Ausgangspunkt ist für mich immer ein ähnlicher: Ich versuche einen inneren, psychischen Raum zu gestalten, der die Möglichkeit bietet, völlig neu und unverbraucht den Blick auf das Wesentliche zu konzentrieren. Raum und Architektur haben immer mit dem Menschen zu tun. Jeder Raum wirkt psychisch. Durch meine Arbeit »manipuliere« ich den Menschen, sich auf eine andere Ebene einzulassen. Durch die Abstraktion kann man die Dinge aus der Distanz beobachten. Das muss nicht unbedingt angenehm sein. Es handelt sich ja nicht um eine Wohnung, in der ich mich wohlfühlen möchte. ——— *Farbe und Material bestimmen die Raumbehandlung. Das leichte, knitterige Papier prägt das Ambiente mit Eigenschaften, die für eine Ausstellungsarchitektur sehr ungewöhnlich sind: Spontan und flexibel hinterlässt es in seiner Gesamtwirkung den Charakter des Zufälligen und Flüchtigen. Sie erheben gewissermaßen die »Kunst der Improvisation« zum Thema Ihrer Gestaltung.* ——— Ich möchte durch die Gestaltung mit Papier eine bestimmte Leichtigkeit erreichen; das Material darf nicht »echt« sein wie Stahl, Beton etc., sondern der Betrachter soll durch andere Mittel suggestiv in den Raum hineingezogen werden. Durch die Improvisation kann man eine sehr hohe Konzentration und Kraft erreichen, da der Kopf ausgeschaltet wird – man hat keine Chance und Zeit, sich etwas auszudenken. Man kann sich nur auf seine fünf Sinne verlassen. Ich versuche meine Instinkte zu trainieren. Das ist die wichtigste Quelle meiner künstlerischen Arbeit. Auf meine Instinkte kann ich voll vertrauen. Keine Technik ist in der Lage, diese Arbeit zu übernehmen. _____ *Welche Bedeutung haben die Farben in ihrer Abfolge und in Bezug auf die jeweiligen Raumthemen?* _____ Die Gestaltung der sieben Räume folgt einem einheitlichen Konzept, und die einzelnen Räume beziehen sich aufeinander. Die Abfolge geht von dunklen, kalten Farben zu warmen, grellen. Es ist wie eine Geburt: die inneren Gefühle entwickeln sich von Dunkelheit, Verzweiflung und Angst weiter zum Niemandsland Leere, Stille, Ruhe. Diese Passivität wächst so weit, bis die Kreativität geboren wird. Die Kreativität wächst, so dass der eigene Kopf zum Ich findet, zu eigenständiger Kraft, Selbstbewusstsein, Souveränität, Egoismus usw. ... man geht in die Welt der fünf Sinne. _____ *Die weichen Materialien und warmen Farben breiten sich auch unter den Füßen der Besucher aus und sollen den Ausstellungsbesuch zu einer körperlichen Erfahrung machen. Was für ein Erlebnispotenzial soll die Gestaltung zur Ausstellung beitragen?* _____ Durch farbige Räume entstehen Gefühle im Menschen, für jeden unterschiedlich, weil jeder Mensch anders lebt, bezüglich seiner Umweltsituation, seines Alters, Geschlechts, seiner Natur etc. Für jeden Besucher wird die Antwort anders sein. _____ *Viele Gestalter nutzen heute diverse technische Errungenschaften, moderne Medien und neue Materialien. Demgegenüber verbleiben Sie bewusst in der Sphäre des traditionellen handwerklichen Arbeitens. Sie arbeiten weitestgehend ohne zeichnerische Skizzen, sondern setzen die Entwürfe am Modell direkt vor Ort selbst um. Welche Rolle spielt für Sie das plastische Arbeiten?* _____ Zeichnungen haben immer zwei Dimensionen. Ich kann nur in drei Dimensionen sehen und arbeiten. Selbst ein Computer, der in der Lage ist, dreidimensionale Bilder zu zeigen, kann nur technisch reagieren. Moderne Technik kann alles umsetzen, aber dadurch bekomme ich letztendlich immer die gleiche Antwort wie in der Mathematik. Kunst hat mit dem Menschen zu tun, mit den fünf Sinnen. Der Computer aber besitzt keine fünf Sinne, daher ist er auch nicht in der Lage, Kunst zu machen. Wenn ich einen Computer benutze, dann existiere ich nicht mehr, da er alles gleich macht. _____ *In Europa werden Ihre Entwürfe immer vor der Folie Ihres japanischen Hintergrundes gesehen, in Japan gelten Sie als europäisch – wo situieren Sie sich selbst heute mit Ihren Arbeiten?* _____ Natürlich sind die japanische Philosophie und der Buddhismus fest in mir verankert: Einfachheit, Bescheidenheit, Reduzierung bis hin zum Minimalismus. Der Minimalismus ist für mich die stärkste und größte Ausdruckskraft. Darauf basiert all meine Kunst, aber trotzdem gibt es auch bei mir gegenteilige Räume, um unterschiedliche Aussagen zu erreichen. Das Einfachste ist das Schwierigste. Das ist mein Ziel, an dem ich als Künstlerin arbeite.

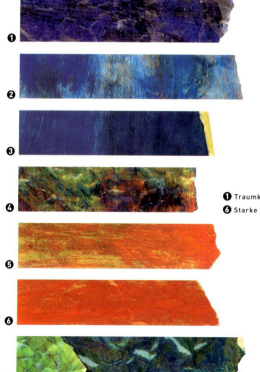

❶ Traumkino ❷ Tosende Leere ❸ Bühne des Ich ❹ Phantasie-Flüge ❺ Nase-Weisheiten
❻ Starke Gefühle ❼ Das Spiel ist eröffnet

)das jahrhundert der traumdeutung –

freuds grundlegende entdeckungen

hundert jahre später____ WOLFGANG MERTENS

Es war vor allem Sigmund Freuds Traumpsychologie, die im 20. Jahrhundert viele Menschen in ihren Bann gezogen hat, aber mindestens ebenso stark wurde sie auch kritisiert. Insbesondere seine Thesen, der Traum sei der Hüter des Schlafs und jeder Traum sei der Versuch einer Wunscherfüllung, erregten Widerspruch. Am bekanntesten wurde neben der Entdeckung des REM-Schlafs von Eugene Aserinski und Nathaniel Kleitmann in den 50er Jahren in neuerer Zeit die Aktivations-Synthese-Theorie von Allan Hobson und Robert McCarley. Diese Forscher postulierten, dass der REM-Schlaf, der wiederum mi dem Träumen korreliert sei, im Hirnstamm entstehe, und dass der Cortex dann versuche, den an und für sich sinnlosen Impulsen einen Sinn zu geben. Damit wurde am eindeutigsten Freuds These zurückgewiesen, dass Träumen dazu dient, einen unbewussten Wunsch zu befriedigen, der im Wachbewusstsein niemals zugelassen wird, aber in entstellter Form zumindest ins Traumbewusstsein Eingang findet. Aber auch andere tiefenpsychologische Schulen nach Freud hatten bereits seine Funktionsbestimmung des Traums angezweifelt und den Geltungsbereich der Wunscherfüllungstheorie eingeschränkt; Träume dienten auch der Problemlösung, der Gedächtnisspeicherung oder einfach nur der dramatischen Inszenierung ohne eine tiefere Absicht, so wie ja auch unser Wachbewusstsein nicht unablässig Absichten verfolgt, sondern sich gelegentlich einfach einmal dem Umherschweifen der Gedanken und Phantasien überlässt. Dennoch wirkte die Auffassung Freuds wie ein Magnet, von dem sich doch immer wieder die Neuerungen abzustoßen versuchten, sofern sie in eine verführerische Nähe zu seinen ursprünglichen Gedanken gerieten. ____ In der Freudschen Traumtheorie wurden der manifeste Traumtext und der latente Traumgedanke unterschieden: Der erinnerte und der sich selbst und anderen mitgeteilte Traum stellt nur die oberste Schicht dar, die den darunterliegenden eigentlichen Inhalt verbirgt. In der Traumdeutung gilt es, diesen latenten Sinn des Traums zu entschlüsseln. Um dies zu erreichen, müssen die Vorgänge der Traumzensur mit Hilfe des Träumers und seiner Einfälle rückgängig gemacht werden. Als hauptsächliche Formen der Traumarbeit identifizierte Freud die Verdichtung, die Verschiebung und die bildliche Darstellung. Weil der latente Traumgedanke letztlich immer auf einen verdrängten Wunsch zurückgeht, dienen Verdichtung, Verschiebung und bildliche Darstellung der Zensur dieses anstößigen Inhalts. Nur in indirekten Abkömmlingen und auf assoziativen Seitenwegen können sich deshalb die verdrängten Inhalte im manifesten Traum überhaupt noch durchsetzen; aber sie sind mehr oder weniger entstellt, verfremdet, manchmal nur in Spuren, oftmals jedoch bis zur Unkenntlichkeit. Deshalb bedarf es anstrengender Arbeit sowohl von Seiten des Psychoanalytikers als auch des Analysanden, um an die ursprünglichen verdrängten Wünsche,

❶ 7/25 Die Erstausgabe der ›Traumdeutung‹ von Sigmund Freud aus dem Jahre 1900 mit der handschriftlichen Widmung an »Fräulein Helene Schiff« ist eines der seltenen Widmungsexemplare Freuds, heute aufbewahrt im Sigmund Freud-Museum in Wien
❷ 7/24 Der norwegische Fotograf Oscar Gustav Rejlander hat den »Traum eines Junggesellen« (ca. 1860) als Sexualtraum inszeniert. *Das Foto entstand in der Zeit eines neu erwachten künstlerischen und wissenschaftlichen Interesses für den Traum.* Courtesy George Eastman House
❸ 7/16 »Der Alp verläßt das Lager zweier schlafender Frauen«. *Füssli ist ebenso wie Goya einer der herausragenden Maler der Epoche um 1800, in der Grenzerfahrungen wie die emotional aufwühlenden, psychischen Triebkräfte des Traums zu dramatischem Ausdruck gebracht werden und das moderne gefährdete Subjekt erstmals bildkünstlerisch aufscheint.* Kunstsammlung der Stadt Zürich

❶

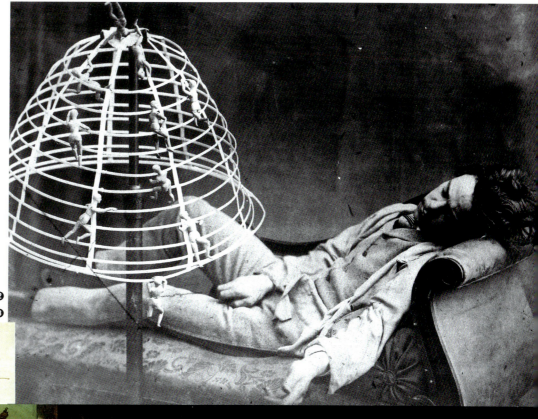

❷
❸

fräulein Helene Schiff.
freundschaftlich
der Verf.

D!E

TRAUMDEUTUNG

VON

D.ᴿ SIGM. FREUD.

die hinter der manifesten Traumerzählung verborgen sind, heranzukommen. Freud lässt, indem er den Analysanden dazu auffordert, seine Einfälle zu den einzelnen Episoden des Traums auszusprechen und die einzelnen Assoziationsfäden auch mit weiteren Einfällen aus der Lebensgeschichte anzureichern, den manifesten Sinn weitgehend unberücksichtigt. Bliebe der Analysand in dem manifesten Traumbild gefangen, so könnte er dieses vielleicht noch hier und da ein wenig ausschmücken, aber er wäre mit den Einfällen bald am Ende. Das passiert tatsächlich bei all jenen Analysanden, die sich an ihre manifeste Traumgeschichte anklammern und bekunden, dass ihnen zu ihrem Traum nichts mehr einfallen würde. Es ist nicht schwer zu erraten, dass es sich hierbei um eine Abwehrmaßnahme handelt, weil das Sich-seinen-Einfällen-überlassen Angst und Unbehagen bereitet. _____ Beeinflusst von dem französischen Philosophen Jacques Derrida und der von ihm ausgehenden Schule der Literaturkritik hat sich der so genannte Dekonstruktivismus entwickelt, in dem ein Text zunächst aufgelöst wird, um dann von den Bruchstücken her wieder zu einem neuen Sinn zu gelangen. Freud kann in dieser Hinsicht als der erste Dekonstruktivist bezeichnet werden. Betrachtet man die von ihm postulierten Traumentstellungsvorgänge der Verdichtung, Verschiebung und Verbildlichung, die es durch die Traumdeutung wieder rückgängig zu machen gilt, noch genauer, dann fällt die Verwandtschaft zu den bereits von Aristoteles in der rhetorischen und poetologischen Theorie unter dem Gattungsnamen »Tropen« zusammengefassten Stilfiguren, wie zum Beispiel der Synekdoche (pars pro toto), der Metonymie (Verschiebung) und der Metapher (Übertragung und Verdichtung) auf. Auch die Verbildlichung als eine Form der nach Freuds Auffassung zensurierenden Traumarbeit ist letztlich eine Form der visuellen Metapher. _____ An der Freudschen Theorie der zensurierenden Traumarbeit wurde noch zu seinen Lebzeiten immer wieder gerüttelt: Nach Carl Gustav Jung müssen nicht erst umfangreiche Dechiffrierarbeiten einsetzen, um den Sinn eines Traumes zu erraten; der manifeste Traum könne vielmehr unter Berücksichtigung der symbolischen Ausdrucksweise direkt dem Patienten übersetzt werden. Da der Traum kein absichtlich verhüllter Inhalt sei, brauche er auch nicht aufwendig entschlüsselt zu werden. Vielmehr enthalte der Traum eine wichtige Botschaft über den Träumer, die in einer metaphorischen und symbolischen Sprache zum Ausdruck komme. Der Traum konfrontiere den Träumer mit den ungelebten Seiten seiner Persönlichkeit oder eines Problems, das ihn in seinem wachen Leben beschäftigt. _____ Dennoch kann aber nicht übersehen werden, dass in unseren Träumen häufig konflikthafte Themen fehlen, so als

»WENN WIR WACHEN, hätten sie keinen Eingang in die manifeste Traumgeschichte
SO HABEN WIR EINE GEMEINSCHAFTLICHE WELT, gefunden, dass vertraute Charaktere, Räume, Landschaften und Handlungsabläufe verdichtet werden; dass es zu plötzlichen
TRÄUMEN WIR ABER,
SO HAT EIN JEDER SEINE EIGENE.« Unterbrechungen von Episoden kommt, die wir dann in unserer
Heraklit, Fragment 89d Erinnerung zu glätten versuchen. Geht es hierbei einfach um eine Symbolübersetzung eines unbewussten Inhalts, vielleicht sogar um gelegentliche Mitteilungen des kollektiven Unbewussten, wie Carl Gustav Jung postulierte, handelt es sich um nachträglich verstehbar gemachten Unsinn, der schlicht und einfach zufälligen Erregungsabläufen aus dem Hirnstamm entspringt, wie Allan Hobson und Robert McCarley behaupten oder kommt in den Brüchen und plötzlichen Wendungen doch das Wirken einer Abwehr aufgrund andrängender konflikthafter Wünsche zum Ausdruck? _____ Die Metapherntheorie des kognitiven Linguisten George Lakoff und des Philosophen Mark Johnson

kann bei der Klärung dieser Frage vielleicht weiterhelfen. Diese Autoren knüpfen an einen grundlegenden Wandel im Verständnis der Metapher an, der sich erst in den letzten Jahren ergeben hat. Galten Metaphern jahrhundertelang als ein rhetorisches Mittel, das allenfalls für die poetische Ausschmückung der Rede geeignet sei, und wurde vor allem in der Tradition des Empirismus die Metapher sogar als Werkzeug des Irrtums und des Betrugs, vor allem wenn sie in wissenschaftlichen Texten verwendet wurde, gebrandmarkt, so ist heute davon auszugehen, dass unsere Wahrnehmung und unser Denken unweigerlich von Metaphern durchzogen sind. Ohne Metaphern könnten wir nicht denken, Zusammenhänge erkennen und handeln. Metaphern durchdringen nicht nur unser Alltagsleben, sondern finden sich auch im abstrakten wissenschaftlichen Denken. Neue Erfahrungen machen, Unbekanntes begreifen, Wissen konsolidieren können wir nur, wenn wir unablässig auf sprachliche und bildliche Vergleiche zurückgreifen, in denen kulturell vorgeprägte, aber auch höchst persönliche Metaphern enthalten sind. Metaphern sind keine abstrakten Kategorien und Konzepte, sondern sinnlich erlebte, emotional konnotierte Erfahrungen. »Er hat mit seiner Argumentation ins Schwarze getroffen«, verweist zum Beispiel ebenso auf eine kriegerische Metapher, wie die Aufforderung, »mit den Argumenten loszuschießen«, bevor man »vom Kontrahenten niedergemacht wird«. Ein objektivistischer Mythos hat in der Vergangenheit diese durchgängige metaphorische Konstruktion unseres Wahrnehmens, Erlebens und Denkens nicht sehen können. _____ Was bedeutet dies für die obige Fragestellung? Auch Sigmund Freud stand mit einem Bein noch in der Tradition dieser objektivistischen Auffassung, in der man glaubte, durch eine klare Definition von Begriffen die als objektive Gegebenheiten vorstellbaren Dinge dieser Welt unabhängig von allen subjektiven Vorurteilen und Gefühlen erfassen zu können. Diese empiristische Doktrin hat sich jedoch als ein Irrglaube herausgestellt. Unser Denken ist durch und durch metaphorisch. Das heißt für das Traumbewusstsein, dass auch dieses metaphorisch ist; ein Kennzeichen des Traumbewusstseins ist sogar, dass in ihm die Metaphern, das heißt die Übertragungen einer neuen Erfahrung in ein vertrautes Bild noch viel häufiger und deutlicher in Erscheinung treten. _____ Die Verknüpfungen zwischen verschiedenen Netzwerken, in denen sprachliche und bildliche Vergleiche miteinander in Kontakt treten, sind im Traum somit viel zahlreicher. Der Traum ist hyperkonnektiv: Mit dieser Formel hat Ernest Hartmann, ein psychoanalytischer Traumforscher in der Gegenwart, den Sachverhalt bezeichnet. Das heißt wir können im Traum nicht umhin, ja es macht eben gerade auch den Vorzug des Traumbewusstseins aus, pausenlos Verbindungen zwischen alten und neuen Sinnzusammenhängen zu knüpfen. Und während sich unser Wachbewusstsein ohnehin nur mit den bewusstseinsfähigen Wahrnehmungseindrücken und Gedanken beschäftigen kann, häufig noch dazu in einer relativ abstrakten Form, das heißt losgelöst von unseren körperlichen und gefühlshaften Empfindungen und auch von ganzheitlicheren, in unserem Langzeitgedächtnis gespeicherten Erfahrungen, kann es im Traumbewusstsein zu einer stärkeren sinnlichen Verankerung dieser Tageseindrücke kommen. Es verwundert deshalb auch nicht, dass sich Menschen durch ihre Träume kreativ inspiriert fühlen, und dass manche Probleme, die uns tagsüber beschäftigt haben, am nächsten Morgen, selbst wenn wir uns an unsere Träume nicht erinnern können, nicht mehr so dringlich erscheinen. Insofern haben diejenigen Traumforscher recht, die auch eine problemlösende Funktion des Träumens annehmen. _____ Obwohl Freud das objektivistische Paradigma

❶

❷ 7/15 »Der Koloss« ist eine der eindringlichsten Erfindungen Goyas. *Die zwielichtige Atmosphäre des Mondlichts, diffuse Konturen und der nicht ausgedeutete Raum sind Elemente auch der Traumerzählung. Die inhaltliche Bedeutung ist nicht geklärt, aber wohl im Umfeld des 1812 entstandenen Gemäldes »Der Koloss« im Prado zu finden. Das Blatt aus dem Berliner Kupferstichkabinett ist eines der wenigen Exemplare dieses Werks.*
❷ 7/1 Menschliche Figur mit Eulenmaske aus Peru. *Staatliche Museen zu Berlin, Ethnologisches Museum*

der Neuzeit in mancherlei Hinsicht in Frage gestellt hat, fließen doch in seine Konstruktion der Traumarbeit an einigen Punkten diese herkömmlichen Annahmen ein. Verschiebung, Verdichtung und Symbolisierung können nur als Abwehrmaßnahmen gesehen werden, die den rationalen Diskurs verschleiern, nicht jedoch als die ursprüngliche Sprache unseres Erlebens und Denkens. Dem humanistisch gebildeten und sprachgewaltigen Freud, der selbst eine Vorliebe für Metaphern hatte, galt dennoch die rationale, diskursive Logik höherwertiger als — in den Ausdrücken der amerikanischen Philosophin Susanne Langer (1942) — die präsentative Symbolik, eine Sprache, die sich aus einem Netz von metaphorisch ausgedrückten Lebenserfahrungen bildet und tiefer reicht als die erfahrungsferne Semantik des intellektuellen und wissenschaftlichen Sprechens. In dieser werden lediglich abstrakte Worthülsen linear aneinandergereiht und durch grammatikalische Regeln logisch miteinander verknüpft. Im Mythos, in der Kunst, in religiösen Erfahrungen, aber eben auch in unseren nächtlichen Träumen kommt hingegen ein ganzheitlicheres und gefühlshafteres Denken und Erleben zum Ausdruck.

❶

01_6)künstlerische und wissenschaftliche eroberungen des traums im paris des 19. jahrhunderts —— STEFANIE HERAEUS

Die Surrealisten haben unter dem Einfluß von Sigmund Freuds Schriften die »Allmacht des Traums« als zentrales Mittel der Text- und Bildfindung proklamiert. Dies ist ein Gemeinplatz. Zu entdecken bleibt hingegen, dass solche künstlerischen Auffassungen keineswegs erst eine Folge der Freud'schen Traumdeutung (1899/1900) waren. —— In Frankreich ist bereits um die Mitte des 19. Jahrhunderts bildkünstlerisch ebenso wie traumtheoretisch ein Paradigmenwechsel erkennbar. Um diesen Wechsel zu erfassen, muss man zwei Entwicklungen in den Blick nehmen und aufeinander beziehen: Einerseits die sich um die Jahrhundertmitte durchsetzende Auffassung von einer radikal subjektiven Wirklichkeit des Traums, und andererseits die künstlerische Eroberung dieser Vorstellung. Vor allem in der französischen Graphik, dem großen Experimentierfeld der bildenden Künste im letzten Jahrhundert, provozierte die Auseinandersetzung mit dem Traum die Erprobung neuer Gestaltungsmittel. So verschiedene Künstler wie Grandville, Victor Hugo und Charles Meryon, Rodolphe Bresdin, Gustave Moreau und Odilon Redon gehörten zu denjenigen, die auf ganz unterschiedliche Weise Bildstrategien entwickelt haben, die sich in der Zusammenschau als surreale bezeichnen lassen. —— In der bildenden Kunst hatte man bis zur Mitte des 19. Jahrhunderts vor allem mit ikonographischen Traummotiven argumentiert, mit Schläfern, Eulen, Himmelsleitern oder Wendeltreppen. Dann aber findet man einige Künstler, die die innere Traumwelt und ihre spezifische Logik in eine Bildsprache zu übersetzen suchten. Noch in Füsslis »Nachtmahr« von 1781 und Goyas »Capricho 43« aus den Jahren 1798/99, den beiden großen Vorbildern

für Traumdarstellungen zu Beginn des 19. Jahrhunderts, finden sich traditionelle Bildmotive. An Grandvilles Werk lässt sich idealtypisch zeigen, wie motivische Übernahmen von Füssli und Goya zurückgehen zugunsten neuer Ausdrucksformen. _____ Die Blätter des Karikaturisten Grandville (1803-1847) aus den 1840er Jahren lassen künstlerische Interessen erkennen, die deutliche Parallelen zu den empirischen Entdeckungen der Traumforscher haben. Die Forschung hat dies nicht bemerkt, weil man den Beginn dieser Traumforschung erst in die 1860er Jahre datiert hat. Die 1861 erschienene Monographie *Le sommeil et les rêves* von Alfred Maury und die Untersuchung von d'Hervey de Saint-Denys *Les rêves et les moyens de les diriger* aus dem Jahr 1867 gelten seit der *Entdeckung des Unbewußten* von Henry Ellenberger als Pionierleistungen der Traumforschung. Tatsächlich aber publizierte die 1843 gegründete Zeitschrift *Annales médico-psychologiques* bereits seit Mitte der 1840er Jahre zahlreiche Aufsätze zu Beobachtungen an Träumen, darunter auch von Maury. Die Gründung dieser Zeitschrift und die Ausschreibung eines öffentlichen Wettbewerbs über den *Schlaf aus psychologischer Sicht,* den das Institut de France 1853 ausrichtete, markieren bereits eine Institutionalisierung des empirischen Blicks auf den Traum. Tony James hat diesen Vorgang zum Teil beschrieben, den auch ich an anderer Stelle näher erläutere. _____ Grandvilles Blätter sind nicht zuletzt deshalb besonders aufschlussreich, weil sie der Welle von Publikationen zur empirischen Traumforschung vorausgingen. Mit Bleistift oder Feder erprobte Grandville die Verwandlung von Alltagsgegenständen innerhalb von Assoziationsketten. In den »Verwandlungen des Schlafs« ❶ von 1844 aus der Folge »Eine andere Welt« befasste er sich allein mit der Realität des Traums und deren besonderen Mechanismen: Auf diesem Holzstich verbinden sich zwei Assoziationsketten beginnend mit einem Vogel und einem Köcher, über mehrere Etappen zu einer Schlange. Das Besondere an diesen Metamorphosen ist, dass die Mutationen nicht linear fortschreiten, sondern immer neue, aus der vorherigen Stufe nicht ableitbare Gegenstände hinzukommen. Allein durch die Ähnlichkeit der Form werden inhaltlich höchst unterschiedliche Motive miteinander verknüpft. _____ Dieses Prinzip der formalen Assoziation hatte auch der Traumforscher d'Hervey de Saint-Denys in seinen nächtlichen Träumen beobachtet: Ganz unterschiedliche Objekte, so schrieb er, könnten sich miteinander verbinden, solange sie in ihrer Grundform verwandt seien. Zur Veranschaulichung griff er zu Grandvilles »Offenbarung des Balletts«, einem kolorierten Holzstich aus der Folge »Eine andere Welt«. D'Hervey de Saint-Denys, Orientalist und Sinologe am Collège de France, hatte mit einem farbigen Schaubild im Frontispiz seiner Abhandlung auch selbst versucht, die Logik des Traums bildlich zu kategorisieren. ❶ (s. 26). Mit naturwissenschaftlich anmutender Präzision suchte der Traumforscher in den unteren sechs Schaubildern, die Phänomene des Traums in Strukturen zu zerlegen und ihrer Logik habhaft zu werden. Mit der Zweiteilung des Schaubildes scheint er sich an den Werkstatttafeln von Diderots *Encyclopédie* orientiert zu haben, in denen im oberen Drittel die Gesamtansicht einer Werkstatt und im unteren Teil deren verschiedene Werkzeuge vorgestellt werden. _____ Derart offensichtliche Analogien zwischen dem künstlerischen und dem wissenschaftlichen Umgang mit dem Traum wie bei Grandvilles Assoziationsketten findet man selten. Gleichwohl lassen sich auch bei Künstlern wie Victor Hugo (1802-1885) und Charles Meryon (1821-1868) ungewohnte Bildstrategien deuten, wenn man den neuen Traumdiskurs seit der Jahrhundertmitte berücksichtigt. Dies gilt etwa für Papierarbeiten Hugos und, auf ganz andere Weise, für die »Radierungen über Paris« von Meryon.

❶ Grandville, »Verwandlungen des Schlafs«, *Holzstich, aus: ›Un autre monde‹ (Eine andere Welt), 1844*
❷ Charles Meryon »Das Marineministerium«, *Radierung, 1865.* London, The British Museum
❸ Odilon Redon *»Trauriger Aufstieg‹, Lithographie, in: ›Dans le Rêve‹ (Im Traum), 1879. Album mit Frontispiz und acht Blättern.* The Art Institute of Chicago

Auf dem Blatt »Altes Haus« ❷, das wohl in Hugos Exilzeit entstanden ist, als er den kalkulierten Zufall als Bildstrategie gezielt einsetzte, druckte er geklöppelte Spitzenstrukturen neben ein mit Federlavierungen gezeichnetes Haus ab und schrieb in die vegetabilen Ornamente des Stoffes seinen Namenszug ein. Das ostentative Neben- und Ineinander der verschiedenen Wirklichkeitsebenen ist zentrale Aussage, die Montage wird zum Prinzip. _____ Zwar weiß man, dass auch die traditionellen Veduten, deren Sprache Meryon formal aufgriff, bisweilen keine reale topographische Situation abbilden, sondern montiert sind. Doch in dem hochgradig verschlüsselten Werk Meryons wird die Montage zu einer zentralen Bildaussage. Bei Blättern wie dem »Marineministerium« ❷ (s. 25) aus dem Jahr 1865 wird sie als Bildstrategie geradezu vorgeführt. Die authentisch anmutende Topografie dieser Darstellung mit dem Marineministerium an der Place de la Concorde wird gestört durch merkwürdige Phantasiegestalten, die am Himmel erscheinen und auf das Gebäude zufliegen: ein Reitergespann mit stürzenden Pferden und winkenden Wagenlenkern, dicke Fische, die als Boote dienen und weitere Vogel- und Schlangenwesen. Hier scheint es interessant zu sein, die 1848 erschienene Studie über den Haschischrausch von Meryons Freund, dem Arzt Edmond de Courtive, näher in den Blick zu nehmen. Darin wird gerade das nächtliche Paris zum Schauplatz von Rauscherfahrungen. Meryons Blätter, auch die späten phantastischen Radierungen, lassen sich durchaus im Rahmen dieser zeitgenössischen Diskussionen deuten. _____ Die Verfügbarkeit der Bildelemente geht in der Folgezeit, etwa auf Odilon Redons (1840-1916) »Noirs« – seinen Kohlezeichnungen und Lithografien – so weit, dass manche Gegenstände je nach Betrachtungsweise eine unterschiedliche Bedeutung haben oder sich zu einem neuen Gegenstand überlagern. In der Lithografie »Trauriger Aufstieg« ❸ (s. 25) aus dem Album »Im Traum« von 1879 nutzte Redon die Mehrdeutigkeit des Vexierbildes als dominante Bildwirkung. Auf diesem Blatt wirkt der Heterogenität der Einzelteile ein opakes Schwarz entgegen, das die Gegenstände in einen Gesamtzusammenhang einbindet: einen einzelnen menschlichen Kopf, ein kleines Kopfwesen mit Flügeln und Hörnern sowie ein Gebäude und einen halbverschatteten Mond. Die Gegenstände sind so angeordnet, dass sie, je nachdem wie man sie aufeinander bezieht, eine andere Bedeutung ergeben. Man kann das Motiv des Blattes nicht eindeutig bestimmen. Redon bietet vielmehr verschiedene wiedererkennbare Elemente aus der Wirklichkeit an. Diese lassen in ihren ungewohnten Kombinationen und merkwürdigen Größenverhältnissen verschiedene Assoziationen zu, die immer nur Teile des Blattes kohärent machen. Gerade Redons Blätter erwecken nicht selten den Eindruck, als habe er eine Bildsprache für Dimensionen gesucht, deren wissenschaftliche Konzeptualisierung erst Freud zur Jahrhundertwende in der *Traumdeutung* leistete.

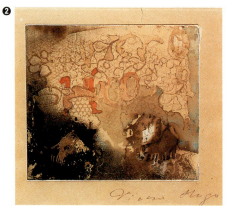

LES RÈVES.

Imp. Lemercier & Cᵗ r. de Seine 57. Paris
Pour l'explication du frontispice voir pages 381, 421 et 422.

❶

❷

❶ D'Hervey de Saint-Denys »Les rêves et les moyens de les diriger«, Paris 1867, Frontispiz. Paris, Bibliothèque nationale de France
❷ Victor Hugo, »Altes Haus«, *Mischtechnik, Exilzeit (nach 1851).* Paris, Maison de Victor Hugo

LES RÈVES

wann werden wir schlafende philosophen haben? – surrealistische traumkonzepte——ANDREA LESJAK

Diese Definition entstand 1922, als in Paris eine Gruppe junger Literaten und Künstler auf der Suche nach neuen Quellen der Kreativität mit Hypnosezuständen experimentierte. Sie wandten sich damit gegen den bürgerlichen Kunstbegriff, den sie als Ergebnis einer beschränkten Wirklichkeitsauffassung kritisierten. In Anlehnung an Freuds revolutionäre Schrift *Die Traumdeutung* und ebenso inspiriert von den Traumdiskursen des 19. Jahrhunderts erklärten sie den Traum zur Grundlage ihrer Bemühungen. Im Manifest des Surrealismus von 1924 formulierte Breton die gesellschaftsverändernden Absichten der Gruppe. Durch die Aufwertung des Traumes eröffne sich die Möglichkeit, dem »wirklichen Ablauf des Denkens« auf die Spur zu kommen. Erst wenn die »Allmacht des Traumes« alle psychischen Mechanismen und Zwänge zerstört habe, werde es zur »Lösung der hauptsächlichen Lebensprobleme« kommen.——Die »écriture automatique«, eine schnelle, möglichst unkontrollierte Niederschrift der Gedanken, sollte die Wiedergabe traumähnlicher Zustände ermöglichen. Von der unkonventionellen, poetischen Qualität dieser Traumberichte angeregt, suchten auch bildende Künstler nach Strategien, um mit Hilfe traumähnlicher Mechanismen zu verborgenen, bislang tabuisierten inneren Bildwelten vorzustoßen. Neben den gestischen Protokollen der automatischen Zeichnungen André Massons entwickelten Max Ernst, Joan Miró und Oscar Dominguez halbautomatische Techniken wie Frottage, Dripping, Décalcomanie, Rauch- und Schnurbilder, bei

Max Ernst »Pietà oder die Revolution bei Nacht«, 1923. London, The Tate Gallery

denen bewusst provozierte Zufälle zur Inspirationsquelle gestalterischer Ausdeutung wurden. Die kreative Spannung zwischen Finden und Erfinden, wie die Projektion eigener Ideen in vorgefundene Strukturen, liegt auch dem kombinatorischen Verfahren zugrunde, das von Vorläufern des Surrealismus wie Lautréamont und Apollinaire propagiert worden war. Max Ernst entwickelte mit seinen Collagen diese Technik zu höchster Präzision, indem er die Bruchstellen zwischen den disparaten Fragmenten unkenntlich machte und neue, unheimliche Bildrealitäten erschuf. Ende der zwanziger Jahre finden sich Ansätze, die die neuen Fragestellungen in eher akademischer Malweise artikulierten. René Magritte spielte in kalkuliert verrätselten Bildern mit Fragen nach der Realität der Bilder oder den Bedingungen des Sehens, während Salvador Dalí in seinen hyperrealistischen Gemälden erfundene Traummotive mit Erkenntnissen der Psychoanalyse zu künstlichen Phantasielandschaften verband.——Zeitgleich mit dem Manifest erschienen regelmäßig Traumberichte und automatische Texte in der Zeit-

schrift *La Révolution surréaliste,* deren Titel den politischen Anspruch der Bewegung dokumentiert. Die Surrealisten verstanden ihre Beschäftigung mit dem Traum keineswegs als
bloße Kompensation oder Flucht vor der Alltagsrealität. Ihre Recherchen und künstlerischen Arbeiten sollten vielmehr eine neue Realität heraufbeschwören und Grundlage
einer an kommunistischen Ideen orientierten Gesellschaftsveränderung sein. Parolen wie
»Wir stehen am Anfang einer Revolution, Sie können daran teilnehmen«, öffneten die
vormals intime Gruppenarbeit der Séancen demonstrativ nach außen. Während sich die
in den Traumberichten referierten Obsessionen und Phantasmen zu »Wirklichkeitsstoff«

(Aragon) verwoben und damit wesentlich zur Bildung
einer Gruppenidentität beitrugen, veränderte die politische Ausrichtung mit ihrem kollektiven Anspruch den
Charakter und die Funktion der Traumtexte. Sie waren
nicht mehr nur Protokolle individuellen Erlebens, sondern dienten indirekt zur Veranschaulichung von Theorien und entwickelten sich zu einem surrealistischen
Diskussionsmedium. Selbst gruppeninterne Debatten,
etwa über die Existenzberechtigung einer surrealistischen Bildkunst, wurden mit den Traumtexten geführt.
Während sich nach Meinung einiger Gruppenmitglie-
der der malerische Werkprozess nicht zur Wiedergabe

»Programmatisches Gruppen-
porträt der Surrealisten
von 1929« um das Ölgemälde
von Magritte »Je ne vois pas
la cachée dans la forêt«,
in: ›La Révolution surrealiste‹,
Nr. 12, 15.12.1929

innerer Vorgänge eignete, waren die Surrealisten sich jedoch einig, mit den flüchtigen
und montierbaren Bildern des Films das ideale visuelle Traummedium gefunden zu
haben. Luis Buñuel erklärte die Handlung seines Films *Un chien andalou* als »Ergebnis eines
bewussten psychischen Automatismus«. Er bildete Träume nicht filmisch nach sondern
bediente sich »traumanaloger Mechanismen«, die zu einer neuen Filmsprache führten.

Bilder unterschiedlicher Herkunft, Perspektive und Entstehungsweise wurden entgegen
der linearen Erzähllogik montiert und in einen zeitlichen Ablauf gestellt. Dieses Verfahren erlaubte es, mit der Ambivalenz von äußerer Realität und innerer Wahrnehmung zu
spielen und Wahrnehmungskonventionen durch Überraschungseffekte und Schockwir-
kungen subversiv zu attackieren. Man Ray dagegen experimentierte in seinen Filmen wie
schon in seinen Fotografien zusätzlich mit neuen Verfahren der Belichtung: Abstrakte
Lichtreflexe und Schattenspiele wurden mit vertrauten »Realaufnahmen« konfrontiert.
Verfremdungseffekte wie Unschärfen, Überblendung verschiedener Aufnahmen oder
Solarisationen eröffneten neue Möglichkeiten des Sehens. _____ Diese visuellen Konzepte trugen wesentlich dazu bei, dass Breton 1932 seine Traumtheorie in dem Traktat *Die kommunizierenden Röhren* unter neuen Vorzeichen konkretisieren konnte. Um die künstlerischen und politischen Ziele des Surrealismus zu versöhnen, betonte er die Notwendigkeit
und Nützlichkeit surrealistischer Traumspiele für die Veränderung der Gesellschaft. Die

ausschließliche Konzentration auf den Traum wich dem Ziel, Traum und Alltagswirklichkeit in einer neuen Realität zu vereinen. In kommentierten Musteranalysen eigener Traum- und Wachzustände demonstrierte Breton, wie jedermann des Surrealen habhaft werden und das Geheimnis des Traumes lüften könne. In produktiver Umdeutung der Freudschen Traumanalyse führte er dazu Bildmotive aus seinen Träumen mit Bildern aus Kunst, Film oder alltäglichen Erfahrungen assoziativ zusammen, um zu zeigen, wie sich Traum und Realität gegenseitig bedingen. Der Traum offenbare jedermann die Widersprüche des Alltags, animiere damit zur revolutionären Tat und führe zur Freiheit des Menschen. Diese Methode der Analyse ließe sich laut Breton auch auf Kunstwerke anwenden, da deren Entstehung durch Verdichtung dem Mechanismus des Traumes verwandt sei. Die Kunst hatte damit endgültig ihren Platz in der surrealistischen Revolution gefunden. Während der politische Traum der Surrealisten nahezu ohne direkten Einfluss blieb, inspirierte ihr auf Wahrnehmungserweiterung zielender Traumdiskurs zahlreiche literarische und künstlerische Ansätze, deren Spuren bis in aktuelle Positionen der Kunst zu verfolgen sind.

»WIR SIND ÜBEREINGEKOMMEN, DAMIT (MIT DEM SURREALISMUS, D. V.) EINEN GEWISSEN PSYCHISCHEN AUTOMATISMUS ZU BEZEICHNEN, DER DEM ZUSTAND DES TRAUMES ZIEMLICH GUT ENTSPRICHT, EIN ZUSTAND, DEN MAN HEUTE NUR SCHWER ABGRENZEN KANN«

André Breton, Auftritt der Medien

032

02 _ tosende leere)

—— SASKIA PÜTZ

Das weiße Blatt Papier wird als Ausdruck des Nicht-Geleisteten, der Leere im Kopf, zur lähmenden Vorstellung: *Horror vacui* – doch wovor fürchten wir uns? —— Nun, die Leere ist nicht Nichts. Nichts ist die Negation von Etwas, Leere dagegen der Gegensatz zur Fülle: eine räumliche Erfahrung. Die Leere können wir fühlen, wie wir die Finsternis sehen, die Stille hören können, das heißt wir nehmen nicht nichts wahr, sondern die Abwesenheit von *etwas.* Die Leere ist die *Abwesenheit* – das Nichts die Abwesenheit von *Allem.* —— Ursprünglich geht die Bedeutung »leer« auf ein Gefäß zurück, in das eingelesen, gesammelt werden muss, das also noch inhaltslos ist. Zum Füllen bestimmt, ist die Leere somit ein Zustand der Erwartung. In dem Worauf des Wartens und der Erwartungshaltung lassen sich ganze Kulturen, Epochen und Traditionen unterscheiden. So setzte sich im 18. Jahrhundert mit der Vorstellung des physikalischen Vakuums, des leeren Raums, allgemein eine negative Bedeutung der Leere durch: Gleichbedeutend mit Nichtigkeit und Uneigentlichkeit lähmte sie das Herz, machte es »öd« und »tot« und hinterließ nur ein unerfülltes Sehnen. —— Die genau entgegengesetzte Bedeutung – als *positives* Seelenvermögen – hat die Leere in der Mystik, die in allen Kulturen auf das Gefühl, auf die

Erfahrung als Erkenntnisquelle zurückgreift. Keine rationale, sprachlich fassbare Erkenntnis, sondern eine jedermann zugängliche Erfahrung von Auflösung und Einheit mit dem Ziel der *Unio mystica*, in der das einzelne Ich sich auflöst und mit dem Einen verbindet: dem allgemeinen Sein, dem Göttlichen, dem Universalen. ⎯⎯ Notwendig ist dafür die *Annihilation*, das Ablegen aller Ichhaftigkeit und Eigenheit – das Leerwerden. Entsprechend paradox äußern sich diese Erfahrungen, so bei Meister Eckhart, einem der bedeutendsten Mystiker des Spätmittelalters: »Leersein von aller Kreatur ist Gottes voll sein, und Vollsein mit aller Kreatur ist Gottes leer sein.« In dieser zeit-, bedürfnis- und selbstlosen Erfahrung erfüllt sich die Erkenntnis, die als Gottesgeburt in der Seele umschrieben wird. ⎯⎯ Obwohl Welten voneinander entfernt, sind die mystischen Erfahrungsberichte Meister Eckharts mit östlichen Weisheitslehren verglichen worden, insbesondere mit dem Zen-Buddhismus, der in Europa wohl bekanntesten der zahlreichen Buddhismus-Schulen. Zen ist eine Methode, sich der intuitiven Einsicht zu bedienen, um Erleuchtung zu erlangen. Seine charakteristische Grundhaltung gegenüber dem Leben zeichnet sich durch Schlichtheit, Konzentration, Direktheit und Genügsamkeit aus, die auch in der Ästhetik aller Lebensformen ihren Ausdruck findet. Die Leere bis hin zur Ichvergessenheit wird zum Weg und Ziel des ganzen Lebens. Einer berühmten Anekdote zufolge antwortete der Begründer des Zen auf die Frage, wer er sei: »Ich weiß es nicht«, und auf die Frage, was der höchste Sinn der Wahrheit sei: »Offene Weite, nichts von heilig.« ⎯⎯ Nicht über die innere Erfahrung, sondern über die äußeren Gegebenheiten definiert die Sprachwissenschaft die Leere im 20. Jahrhundert: sprachliche Zeichen erhalten ihre Bedeutung erst im Kontext mit anderen – der »Sinn« schlüpft sozusagen in den leeren Zwischenraum zwischen den Lauten. Diese Leerstelle wird zum Spielraum der Bedeutungsintentionen, wie besonders im Moment des Scheiterns deutlich wird, im »Zungenspitzenphänomen«: Wir haben eine *Leervorstellung*, ein vages Bild dessen, was wir sagen wollen, können es aber nicht aussprechen. Wie beim Kreuzworträtsel assoziieren wir ähnliche Wörter, unterscheiden Bedeutungen und probieren Bruchstücke aus, um die Lücke zu füllen. Der Sinn kann erst durch das Zusammenspiel der Zeichen entstehen, weil sie einen Spielraum haben, der nicht Nichts ist, sondern eine gewisse Richtung vorgibt, eine leere Form eben, die nicht beliebig ist. _____ Vor diesem Licht erscheint das Blatt nicht mehr ganz so weiß – Spuren finden sich darauf, Abdrücke, mit denen der Gedanke spielt. So haben viele Schriftsteller mit Vorliebe die Rückseiten bedruckter und beschriebener Blätter benutzt, deren Vorläufigkeit der Formulierung das Absolute nimmt, um – mit Lichtenberg – »ja nicht mit dem Anfang anzu-fangen.«

035

_tosende leere

»Narziss an der Quelle«
Buchmalerei, französisch,
14. Jahrhundert. Illustration
zu dem ›Roman de la Rose‹
von Guillaume de Lorris
und Jean de Meung. Paris ,
Bibliothèque nationale
de France

❶ **Caravaggios Darstellung der Narzissepisode (um 1600) dreht sich um die Frage nach dem Anderen.** *Die Hände des Selbstverliebten umarmen das eigene Spiegelbild und schließen den tödlichen Kreis seines Begehrens.* Rom, Galleria Nazionale d'Arte Antica

Spiegel galten der gesamten Antike als Schönheitssymbol. Ihre ausgeprägte Form finden Handspiegel im 2. Jahrtausend v. Chr. in Ägypten: mit ovaler Scheibe und Handgriff in Form der Göttin Hathor, die zwischen dem 14.–16. Jahrhundert v. Chr. von einer mädchenhaften Trägerin abgelöst wurde. Kunstvoll verzierte Bronzespiegel zählen zu den Meisterwerken antiken Kunsthandwerks und gehörten zum wertvollen Besitz von Frauen der Oberschicht. Mit Spiegel–Bildern, überwiegend aus dem Bereich der Schönheitspflege, wurden auch die Rückseiten geschmückt.

❷ **7/32 Ägyptischer Handspiegel aus Bronze mit Griff in Form eines Hathor-Kopfes,** *Neues Reich (16.–11. Jahrhundert v. Chr.)* Staatliche Museen zu Berlin, Ägyptisches Museum und Papyrussammlung ❸ **7/31 Kupferner Handspiegel,** *Ägypten, 18. Dynastie (1550–1400 v. Chr.)* Staatliche Museen zu Berlin, Ägyptisches Museum und Papyrussammlung ❹ **7/28 Bronzener Standspiegel,** *um 460 v. Chr.* Badisches Landesmuseum Karlsruhe ❺ **7/30 Etruskischer Bronzespiegel mit zwei Tänzerinnen,** *um 500 v. Chr.* Staatliche Museen zu Berlin, Antikensammlung ❻ **7/29 Etruskischer Handspiegel** *aus der Mitte des 4. Jahrhunderts v. Chr., der eine Badeszene mit zwei Mädchen und einem jungen Mann zeigt.* Staatliche Museen zu Berlin, Antikensammlung

bühne des ich

oder der irrtum des narziss ____ SASKIA PÜTZ

»Wer ist dort« – »Ich« – »Was für ein Ich?« fragt Merkur den verwirrten Sosias in Kleists *Amphytrion* — eine Frage zu banal, um gestellt, zu gewichtig, um beantwortet zu werden. Und dennoch hat sie Konjunktur: Seit dem Ende des 18. Jahrhunderts ist die Konzeption des Ich umstritten, seit drei Jahrzehnten verkündet die Postmoderne seinen Tod. Das Ich steht im Brennpunkt des modernen Denkens. An diesem konkreten Individuellen und zugleich abstrakten Allgemeinen scheiden sich die Geister, wird der Konflikt Moderne versus Postmoderne virulent. Können wir noch an einem kontinuierlichen, selbstidentischen Wesenskern festhalten oder ist das Paradigma des Subjekts erschöpft?____ In jedem Fall sollten wir wissen, mit wem wir es zu tun haben. »Erkenne Dich selbst« lautete die Devise in der Vorhalle des delphischen Apollontempels: wir sollen uns unserer selbst bewusst werden, uns ein Bild unseres Selbst machen. Der Sprachgebrauch setzt bereits die Vorzeichen dieser Selbsterkenntnis: das Wissen wird als Sehen aufgefasst, die Vorstellung als *Bild.* ____ Leitmetapher dieser geistigen Selbstbetrachtung ist der Spiegel: Reflektierter Blick und reflektierende Selbstwahrnehmung werden als Betrachtung von außen verstanden. Mythologisch hat dieses Selbstbild seinen Ursprung

in der Legende von Narziss: In ihm fallen Selbsterkenntnis und -betrachtung zusammen. Er ist nicht nur der Prototyp der Selbstreflexion, sondern auch der Selbstbespiegelung – als Selbstporträt. _____ In den *Metamorphosen* Ovids (ca. 2-8 n. Chr.) verliebt sich der schöne Narziss beim ersten Anblick in sein Spiegelbild in einer Quelle. Vom eigenen Blick gebannt, verliert er sich im Betrachten seines Abbilds. Indem er sich in dem Bild jedoch selbst erkennt, wird er doppelt enttäuscht. Die Illusion des Anderen wird ihm genommen und gleichzeitig die Vergeblichkeit seines Begehrens vor Augen geführt. Die Hoffnung, den scheinbar Anderen und Geliebten gegenüber jemals zu erreichen wird endgültig zerstört, als sich das Spiegelbild unter seinen Tränen verliert – im Leid über seinen Verlust findet er schließlich den Tod. _____ Narziss scheitert, weil er das gespiegelte Ich nicht denken kann – und in diesem Riss zwischen seinem betrachtenden und betrachteten Selbst lauert sein Schicksal. Sein Irrtum liegt nicht darin, sich selbst als Anderen zu sehen, sondern diesen Spalt zwischen Ich und dem Anderen, Innen und Außen überbrücken zu wollen. _____ Gerade diese Gespaltenheit der Subjektivität wird als ihre moderne Bestimmung angesehen: Das Ich, welches denkt, ist ein anderes, als das, worüber nachgedacht wird. Seit Fichte macht das »Sehen, das sich selbst sieht« die schizoide Erfahrung, sowohl gegebenes Objekt als auch

❶ **7/27 Ewald Matarés Holzskulptur zeigt einen gesichtslosen »Männlichen Kopf« (um 1926).** *In der Reduktion auf die geschlossene, nur vom Umriss bestimmte Körperform mit angedeuteten Grundzügen, wirkt die Gestalt in sich gekehrt, konzentriert und ruhend. Die vollkommen glatte Oberfläche des Naturmaterials ist nach außen abgeschlossen, ohne durch expressive Mimik einen Zugang zu einem Ich zu ermöglichen: ausgeglichen und sprachlos.* Staatliche Museen zu Berlin, Nationalgalerie

❷ **7/36 »Porträt des Philosophen Chilon«** *Ihm wird die Devise »Nosce te ipsum – Erkenne dich selbst« zugeschrieben.*

Das Phantasieporträt des Niederländers Jan Muller von 1596 macht den emblematischen Bezug von Selbsterkenntnis und Spiegel deutlich. Der antike Weise wendet sich dem Betrachter direkt zu, indem er den Spiegel wie einen Schutzschild von sich ab und dem Betrachter entgegenhält. Staatliche Museen zu Berlin, Kupferstichkabinett

sich-selbst-setzendes Subjekt zu sein. Zwei Jahrhunderte später ist Selbsterkenntnis als isolierte Selbstbetrachtung nicht mehr denkbar. Als unendlicher Regress der Spiegelungen zersetzt sie die Vorstellung eines unmittelbaren und authentischen Selbstbewusstseins, die seit dem 16. Jahrhundert den neuzeitlichen Menschen bestimmt hatte. _____ Die Geburt des Individuums in der Renaissance gehört spätestens seit Hegels *Geschichte der Philosophie* zu den epochemachenden Erscheinungen. Ist die Destabilisierung und Dezentrierung des Subjekts eine postmoderne Erfahrung? Auch das Bild des *uomo singolare,* des selbstbestimmten, autonomen Renaissancemenschen wird aus dieser Perspektive als idealtypisches Klischee durchschaut. »Ich habe von mir selbst nichts Ganzes, Einheitliches und Festes ohne Verworrenheit und in einem Gusse auszusagen« beklagte bereits Montaigne 1588 die Zerissenheit seines Ich – ohne jedoch die Herausbildung einer harmonischen Identität in Frage zu stellen. _____ So wie für Montaigne die Selbstbeschreibung wesentlich ist, in der sich der Selbstbezug manifestiert, so steht generell die Genese des Individuums in Korrelation mit seinem Selbstausdruck – exemplarisch im zeitgleich entstehenden Porträtbild. _____ Den zentralen »Kern« der Persönlichkeit als eigentliches Objekt ihrer Repräsentation zu entdecken ist die neue Bildidee der Renaissance. Dem alten Vorwurf geistloser Mimesis, bloßer Abspiegelung der Natur, tritt die Kunst entgegen, indem sie das »Wesentliche«, die Identität der Person herausstellt: lebendig, individuell – *ähnlich* soll das Porträt sein, nicht bloß Abbild der körperlichen Hülle. Von der Metapher äußerer Nachahmung wird der Spiegel zum Sinnbild täuschender Lebendigkeit, denn »was ist Malerei anderes als der Versuch, mit den Mitteln der Kunst die Wasseroberfläche jenes Quells zu umarmen?« fragte der Kunsttheoretiker Alberti bereits 1436 und kürte damit Narziss zum Erfinder der Malerei. _____ Narziss als Maler? Sein Porträt bleibt ungemalt, da er sich nicht von seinem Anblick lösen kann. Erst im Scheitern des Blicks liegt die Chance des Werks, stellt der französische Philosoph Derrida fest: Die Produktivität des Spiegels liegt im Wegschauen. Der Künstler muss den Blick vom Spiegel ab- und der Leinwand zuwenden, um – nunmehr »blind« – das Bild seiner Selbst zu erschaffen. _____ Im Selbstporträt wird die Aporie der Selbstbetrachtung anschaulich: Das Sehen bleibt sich selbst unsichtbar. Der eigene Blick, das eigene Gesicht ist nur medial vermittelt wahrnehmbar. Unser Gesichtsausdruck – als pars pro toto unserer Erscheinung – ist paradox: er reflektiert außen unser »Innerstes«, dessen wir uns nur über den äußeren Spiegel versichern können – den Spiegel der Anderen, ihrer Reaktionen und Erwartungen, die wir brauchen, um zu wissen, wer wir sind. _____ Und zu werden, was wir sind: Der Freud-Schüler Lacan beschreibt in seinem Schlüsseltext *Das Spiegelstadium als Bildner der Ichfunktion* die grundlegende Bedeutung des Selbstbildes für unsere Entwicklung anhand des abhängigen Kleinkindes, das sich zum ersten Mal im Spiegel erkennt: Es sieht sich entgegen seiner Erfahrung als selbständiges Wesen. Dieses äußere Bild wird zum Ideal, an dem sich das Selbstbild misst. In unseren Entwürfen und in den Projektionen anderer sind wir uns immer schon ein Stück voraus. _____ Wir haben unsere Erscheinung *füreinander*, oder anders: unser Gesicht gehört uns nicht, sondern es ist Mittel der Kommunikation, also sprachlich strukturiert. Wir sind damit Teil der Gesellschaft, die sich darin spiegelt. Der Philosoph Deleuze und der Psychiater Guattari radikalisieren diese Vorstellung: Das Gesicht ist nicht gegeben, sondern realisiert sich immer erst im Spiel mit anderen. Sie bezeichnen das Gesicht als Maske, die den zwischenmenschlichen Austausch regelt, dabei verbirgt die Maske nicht das Gesicht – »sie ist das Gesicht«. Ein Gesicht, dem man nicht ins Antlitz blicken kann. Die Postmoderne bricht mit der Vorstellung eines »wahren« Gesichts hinter

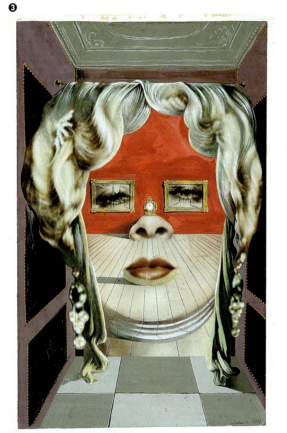

❸

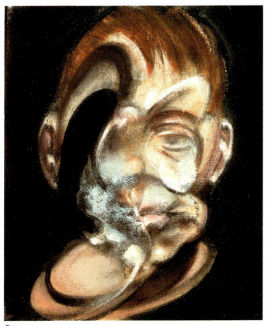

❹

der Maske. Wir sind immer schon Gesicht und Maske, Sprache und Kommunikation, und befinden uns damit in einem vorstrukturierten Netz von Bezügen, einer gegliederten Sprache und gegebenen Ordnung. Unsere Masken, Rollen oder Bilder sind die unterschiedlichen Plätze, die wir darin einnehmen. Das Subjekt ist keine geistige Einheit mehr, sondern Schauplatz verschiedener Akteure: »Gesellschaft des Geistes« nannte es der Künstliche Intelligenz-Forscher Minsky. Im Bild der Gesellschaft – unserer selbst und der anderen – treffen sich die Wissenschaften: Auch für den Hirnforscher Singer ist Bewusstsein das Ergebnis geistiger Reflexion in Hinblick auf ein Gegenüber, ein »Dialog der Gehirne«. Das individuelle Ich entsteht im sozialen Miteinander: »Bewusstsein ist gar nicht mehr anders zu denken als im Zusammenhang mit anderen Menschen.« — Kann das Ich sich also selbst noch retten? Allein zumindest nicht. Die Frage nach dem Ich muss offen bleiben – und das ist ihre Antwort. Wir haben keine letzte Erkenntnis von uns, aber wir entwerfen uns immer wieder entsprechend der Spielräume und Möglichkeiten unserer Bilder und Sprachen im Spiegel der anderen.

—— C H R I S T I N A   V O N   B R A U N

Ach, das Ich! Es gibt Kulturen, in denen das Wort »Ich« nicht vorkommt. Glückliche Leute. Der abendländische Mensch hingegen liebt das Ich so sehr, dass er am liebsten zwei davon hat. Das ist seltsam genug, denn eigentlich gibt es keinen Begriff, der so deutlich auf die Einmaligkeit und Einzigartigkeit verweist wie das Ich. Doch um über das Ich zu sprechen, bedarf es eines zweiten Ich, eines Subjekts, das das Ich von außen betrachtet wie einen Fremdkörper. Beides, die Faszination von dem Ich wie die Tatsache, dass das Ich eines anderen Selbst bedarf, um zur Sprache zu kommen, verdankt sich der Schrift, der vollen Alphabetschrift, die die Griechen eingeführt haben. Durch die volle Alphabetschrift, die Laute in visuelle Zeichen überführt, löste sich das Denken aus dem Körper. Oder genauer: es entstanden ein Ich, das spricht, und ein Ich, das in den Zeichen denkt. Und anders als das Ich auf der Zunge war dieses zweite Ich nicht an den Körper gebunden. Es war unsterblich, reiner Geist. Dieses abstrakte Ich, als Wort und Gedanke in den Stein gemeißelt oder auf dem Papier verewigt, bestand auch dann noch, wenn das sprechende Ich schon längst verstorben und vergessen war. Dieser Spaltung in Denken und Sein verdankt sich die Geburt der Philosophie. Und was ist Philosophie anderes als Reflexion über das Selbst mit einem Auge, das sich außerhalb befindet, mit dem Blick des Fremden?—— Sobald ein Philosoph über das Ich zu reflektieren beginnt, ist immer von zwei Ichs oder von einer Spaltung des Ich die Rede, aber die Spaltung kann sehr unterschiedlicher Art sein. »Cogito, ergo sum«, sagte Descartes, was entweder mit »ich denke, also bin ich« oder mit »ich zweifle, also bin ich« übersetzt wird. Denken und Zweifeln werden zu austauschbaren Begriffen, weil beide eine Spaltung des Selbst voraussetzen. Nicht durch Zufall leitet sich das Wort Zweifel in vielen europäischen Sprachen von einem Wort für die Zahl Zwei oder für die Verdoppelung ab: *Doubt* (engl.) oder *doute* (franz.) von *double; dubbio* (ital.) wie *doppio.* Rund zweihundert Jahre nach Descartes wollte der Philosoph Johann Gottlieb Fichte zwar vom Zweifel nichts wissen, aber auch er bediente sich eines Ich-Spaltungsmodells: Er erfand das *Nicht-ich*: das vom Selbst »gesetzte« Andere des Ich. Fichtes Ich-Konzept ver-

Lässt Identität sich im Bild festhalten? Mit »Kontinentalkern XXXV/1988« breitet Katharina Sieverding ein Kaleidoskop ihrer Gesichtszüge aus, ohne sich selbst preiszugeben: Die aneinander gereihten Gesichter oszillieren zwischen Nicht-Ich und Ich. Man sucht ihre Identität in den Differenzen der einzelnen Facetten, doch diese sind technischer Natur: Aufnahmewinkel, Verzerrungen, Manipulationen. —— Die mit Goldstaub bedeckten Gesichter sind archaische Masken. Das Gold setzt sie in Bezug zu Vorstellungen von Ewigkeit, aber auch zum Scheidepunkt von Leben und Tod. Die Gesichtszüge, bar jeden Zeichens von Alter, Geschlecht und Rasse, verweigern den Zugang und statuieren Konzentration und Konfrontation. Ihr rhythmisches Ein- und Auftauchen aus dem Dunkel des Hintergrundes versetzt das Bild in Bewegung – ein flüssiger Spiegel, dem das Porträt standhält. —— Das Selbstbildnis bestimmt seit Beginn ihrer künstlerischen Laufbahn in den sechziger und frühen siebziger Jahren Sieverdings Arbeiten. Unerbittlich hat die Künstlerin ihr eigenes Antlitz in der Differenzierung von Subjekt und Objekt virtualisiert und damit ihr Medium konterkariert. Als Massenmedium hat die Fotografie zur Inflation des Porträts und zur Produktion des öffentlichen Gesichts geführt: »Gesichter, überall Gesichter. Wir leben in einer facialen Gesellschaft, die ununterbrochen Gesichter produziert« (Thomas Macho). Sieverdings Selbstporträts sind jedoch keine Images sondern selbstanalytische Arbeiten im Angesicht des Subjekts und seiner Bilder. —— Mit »Kontinentalkern XXXV/1988« führt sie ihre gleichnamige Werk-Folge aus den achtziger Jahren fort, die sich u. a. mit Bildern globaler Katastrophen und atomarer Bedrohung auseinander setzt. Die Porträt-Ikonostase wird durchdrungen vom Bild einer Sonneneruption: brennendes Helium löst sich explosionsartig von der Sonnenoberfläche. Vor diesem rätselhaft-bedrohlichen Hintergrund erscheinen die sphinxhaften Masken plötzlich wie Totenschädel – das Bild wird zum Requiem. Sieverding benutzt das Reservoir »öffentlicher« Bilder – aus Massenmedien und Fachzeitschriften, deren technische Aufnahmen uns ein medial vermitteltes Bilderwissen ermöglichen. Obwohl der dokumentarische Aussagewert von Fotos durch digitale Bearbeitung und synthetische Herstellung obsolet geworden ist, stellen diese Bilder unsere Wirklichkeit dar. →**Katharina Sieverding** —— *1944 geboren in Prag* —— *1964-72 Ausbildung an der Staatlichen Akademie in Düsseldorf* —— *Meisterschülerin bei Teo Otto und Joseph Beuys* —— *1972-88 Studienaufenthalte in den USA, in der VR China und in der Sowjetunion* —— *zahlreiche internationale Ausstellungen, u. a. 1972-82 documenta 5-7* —— *1997 XLVII. Biennale in Venedig, Deutscher Pavillon* —— *seit 1992 Professur an der Hochschule der Künste Berlin* —— *1995 und 1999 Gastprofessur am CCA, Kitakyushu (Japan)* —— *Die Künstlerin lebt und arbeitet in Düsseldorf und Berlin.* **7/26** *(Abb S. 43)*

03_2)katharina sieverding —— SASKIA PÜTZ

dankte sich der Tatsache, dass das Ich niemals positiv gedacht werden kann, nur als Gegensatz zu einem Anderen. Dieser Konstruktion lag ein Paradox zugrunde: einerseits diente das *Nicht-ich* der Seinsbestätigung des Ich, andererseits soll es von diesem in die »schönste Ordnung« überführt werden, in der es nicht mehr seine Funktion als *Nicht-ich* erfüllen kann. In der *Bestimmung des Menschen* schreibt er hierzu: »Im Ich liegt das sichere Unterpfand, das von ihm aus ins Unendliche Ordnung und Harmonie sich verbreiten werde, wo jetzt noch keine ist. Alles, was jetzt noch unförmlich und ordnungslos ist, wird durch den Menschen in die schönste Ordnung sich auflösen ... in seinem Dunstkreise wird die Luft sanfter, das Klima milder, und die Natur erheitert sich durch die Erwartung, von ihm in einen Wohnplatz und in eine Pflegerin lebender Wesen umgewandelt zu werden.« Rückblickend kann man sich freilich fragen, ob sich hinter diesem Bild eines allmächtigen Ich nicht schon die Erkenntnis der Moderne verbarg, dass das Ich nur ein steuerloses Schiff in den Gewässern der Geschichte und der nationalen Gemeinschaften bildet. _____ Gegen Ende des 19. Jahrhunderts wurden die Phantasien von einem allmächtigen Ich zunehmend verworfen, vor allem von Künstlern und Schriftstellern. Aber auch dann ließ sich vom Ich nur in zweigeteilter Form sprechen. Arthur Rimbaud erklärte in den *Seher-Briefen:* »C'est faux de dire: Je pense. On devrait dire: On me pense ... Je est un autre.« Rimbaud verleibte sich den Blick der anderen ein; bei ihm befand sich der Fremdkörper im Innenraum des Selbst. Gustave Flaubert hingegen erklärte in einem Brief an George Sand 1867: »Madame Bovary c'est moi«. Flaubert verlagerte sein »anderes Ich« ins Werk, in eine vom Selbst erschaffene fiktive Gestalt und Sprache, die er wiederum mit dem Ich verschmelzen ließ. Gleichzeitig stellte für Flaubert das Schreiben einen Halt dar: ein Mittel, sich – durch die Erschaffung eines fiktiven Anderen – die realen anderen vom Leibe zu halten. _____ Und dann gab es die, die über keine eigene Feder verfügten, um sich den Anderen vom Leibe zu halten. Dostojewskij verlieh diesen Sprachlosen in der Erzählung *Der Doppelgänger* seine Feder: »Soll ich grüßen, oder soll ich nicht?« fragte sich unser Held trotzdem unentschlossen und in unbeschreiblich qualvoller Beklemmung, »soll ich ihn erkennen, oder soll ich so tun, als wäre ich gar nicht ich, sondern irgendein anderer, der mir nur zum Verwechseln ähnlich sieht? – Jawohl, ich bin einfach nicht ich – und damit basta! ... Ich ... ich, ich bin eben einfach gar nicht ich ..., ganz einfach, bin ein ganz Anderer – und nichts weiter!« Angesichts der Bedrängnis dieses Helden lässt sich Fichtes Hoffnung, durch das Ich Ordnung in die Welt zu bringen, als Kompensation für ein immer mächtiger werdendes Gefühl lesen, dass die Welt dabei war, eine neue Ordnung ins Ich zu bringen. Mit dem Industriezeitalter war ein

❶ 7/37 Anton van Dyck (1599–1641) stellt in seinem Porträt den Maler »Jan Lievens« als selbstbewussten Künstler dar. Staatliche Museen zu Berlin, Kupferstichkabinett

IOANNES LIVENS
PICTOR HVMANARVM FIGVRARVM MAIORVM LVGDVNI BATTAVORVM.

❷ 7/35 In einer Umkehr des Narzissmythos wendet sich der belgische Fin-de-siècle-Künstler Léon Spilliaert von seinem Spiegelbild ab. *Eine Atmosphäre gequälter Irrealität und Instabilität prägt die unbarmherzige Selbstbefragung im »Selbstporträt mit Spiegel« (1908), die in eine entrückte Selbstentfremdung umschlägt: Angesichts des Unbekannten spiegeln sich Entsetzen und Grauen in seinem Gesicht, dessen Schatten es zu einer Totenmaske erstarren lassen.* Oostende, Museum voor Schone Kunsten

neues Gefühl von Bedrohung des Ich entstanden – und dieses hing unter anderem mit der Entwicklung der Kommunikationsmittel zusammen. Sie hatten ein kollektives Ich erschaffen, das die Grenzen zwischen den einzelnen Ichs durchlässig erscheinen ließ. Im 19. Jahrhundert entwickelte sich eine Gesellschaft, in der die einzelnen Ichs *in Formation* gebracht wurden; sie sollten ein gemeinsames, homogenes Ich bilden. In dieser Form – einer Gesellschaft als Ich – hatten frühere Gesellschaften nicht über sich selbst reflektiert. Ihr Ich-Bild leitete sich von einem Repräsentanten, etwa dem König ab, nicht von der Gemeinschaft als *Über-Ich,* wie Freud Ende des 19. Jahrhunderts dieses Konstrukt nennen sollte, das dem Es (oder dem kleinen Ich) Triebverzicht abverlangte. _____ Das kleine, individuelle Ich erfuhr sich zunehmend als »aufgehoben« – in jedem Sinne des Wortes: vom großen, kollektiven Ich einverleibt, aufbewahrt und ausgelöscht zugleich. Zugleich eignete sich das kollektive Ich all jene Eigenschaften an, die eigentlich dem Ich des Individuums eignen: Sinnlichkeit, Eros und Unverwechselbarkeit. Um sich dem Aneignungsprozess durch das kollektive Ich zu widersetzen, wurde es um 1900 unter Dichtern, Schriftstellern und Philosophen sehr beliebt, vom *Verschwinden* des Ich zu sprechen. Paul Boldt dichtete 1913: »Mein Ich ist fort./ Es macht die Sternenreise./ Das ist nicht Ich, wovon die Kleider scheinen./ Die Tage sterben weg, die weißen Greise./ Ichlose Nerven sind voll Furcht und weinen.« Aber bei dieser Inszenierung des Verschwindens handelte es sich auch nur um Rückzugsgefechte, die den tatsächlichen Untergang maskieren soll-

❶

ten und sich der bewährten Methode der Ich-Spaltung bedienten. Jede »Sternenreise« des Selbst impliziert notwendigerweise zwei Ichs: neben dem abgereisten Ich ein zweites, das zu Hause bleibt, um vom Fortgang des ersten zu berichten. Ähnliches gilt auch für Freuds berühmtes Diktum »Wo Es war, soll Ich werden«, eine »Kulturarbeit«, die er in seiner Vorlesung über *Die Zerlegung der psychischen Persönlichkeit* mit der Trockenlegung der Zuydersee verglich. Auch hier der Versuch, dem Untergang des kleinen Ich durch die *Beschreibung* des Vorgangs beizukommen – was wiederum ein beobachtendes Ich impliziert, das weiß, wovon es redet, wenn es »Kulturarbeit« sagt. Das hatte zur Folge, dass mit dem ausgehenden 20. Jahrhundert der Prozess der Trockenlegung einfach umgedreht werden kann. Man legt neue Biotope an, indem man das Ich zu einer Schöpfung des Selbst erklärt: Niklas Luhmann deklariert das Ich zum Ausdruck »eines sich selbst kontinuierlich reproduzierenden autopoietischen Systems«. Hatte sich das Ich bei Fichte noch die Konstruktion der ganzen Welt vorgenommen, so hat es zweihundert Jahre später alle philosophischen Hände voll damit zu tun, sich selbst in die »schönste Ordnung zu bringen«. _____ Ein weiter Weg, den das Ich allein in den letzten zweihundert Jahren zurückgelegt hat. Aber dieser Weg ist in der zweigeteilten Konstruktion des Ich selbst angelegt. Betrachtet man die Geschichte des Ich im Abendland, so offenbart sich eine seltsame Dialektik: Auf der einen Seite haben wir es beim Ich mit *dem* Phantasma abendländischer Philosophie zu tun, das Einmaligkeit besagt; und auf der anderen Seite ist die Definition dieses einmaligen Ich allgemein gültig und kann eben deshalb *nicht* Einmaligkeit besagen. Dieses zweite, allgemeine Ich, das seine Behausung im Zeichensystem der Alphabetschrift fand, entfaltete eine zunehmende Allmachtstendenz: Es entstand ein großes, kollektives Ich, das als Beobachter über das einmalige Ich angetreten war, um schließlich zum alleinigen

Befehlshaber zu werden. Und nun das Paradox: Die Methoden, mit denen sich das kleine Ich dieses großen, allmächtigen Ichs erwehrt, sind vielfältig. Aber es sind immer Methoden der Abspaltung, der Betrachtung, der Abstraktion, des Zweifels. Genau diese »Methoden« bilden wiederum die Grundlage einer Erweiterung des großen Ich. _____ Für das neue Jahrtausend scheint sich ein Ausweg aus dem Dilemma anzukündigen. Ein seltsamer und dennoch logischer Ausweg, den schon E. T. A. Hoffmann in seiner Erzählung *Der Doppelgänger* angedeutet hatte, als er schrieb: »Ich denke mir mein Ich durch ein Vervielfältigungsglas, alle Gestalten, die sich um mich bewegen, sind Ichs, und ich ärgere mich über ihr Tun und Lassen.« Die modernen Industriegesellschaften haben die »multiplen Ichs« entdeckt. Man hat sein Mann-Ich, sein Frau-Ich, ein geschlechtsneutrales Ich, das Kind-Ich, das pedantische, das gesprächige, das einsame Ich … Über die Jahre erfährt man allmählich, über wieviele Ichs man verfügt. Manche kommen vielleicht nie zum Vorschein, weil es keinen geeigneten Anlass gibt; andere bilden sich wiederum spontan, situationsbezogen, obwohl sie eigentlich nicht vorgesehen waren. Das einzige, das diesen ganzen Ichs gemeinsam ist, ist der eine Körper. Doch es ist jetzt schon absehbar, dass sich auch dieser bald durch Klonen multiplizieren lassen wird. Dann wird jedes Ich nicht nur im Gedicht, sondern auch physisch zu seiner Sternenreise antreten können: Das eine Ich geht zum Zahnarzt, das andere sitzt mit der Zeitung im Café, das dritte Ich begibt sich auf zu neuen Liebesabenteuern. Und das Wunderbare ist, dass jedes dieser Ichs absolut kohärent ist – also ungespalten, ohne Blick von außen auf das Selbst. »Der höchste Trieb im Menschen,« so hatte schon Fichte in seiner Schrift *Über den Gelehrten* geschrieben, ist der Trieb »nach vollkommener Übereinstimmung mit sich selbst.« Genau diese Forderung erfüllt das multiple Ich im geklonten Körper. Vorbei die Zeiten des gespaltenen Ich! Schluss mit dem Blick von außen auf das Selbst! Mit der Multiplikation der Ichs *und* des Körpers, die sich der Westen für das neue Jahrtausend zum Ziel gesetzt hat, erfüllt sich endlich die Sehnsucht, die das Abendland von Anfang an mit dem Begriff des Ich verbunden hat: Indem das Ich die Vielfältigkeit und Vielheit des Selbst auf einzelne (identische) Körper verteilen kann, kann es endlich das Gebot der Spaltung umgehen, an dem es die letzten zweieinhalbtausend Jahre zu leiden hatte.

❶ 7/33 Das »Narrenzepter« ist das Herrschaftszeichen des tragisch-komischen Spaßmachers am Hof wie zur Fastnacht. *Die Torheiten des Narren maskieren nur seine Gesellschaftskritik. Allein in der Außenseiter-Rolle durfte der Hofnarr Kritik an den Herrschaftsverhältnissen üben, während der Einzelne sich diese Freiheit nur im kontrollierten Freiraum des Narren zur Fastnacht herausnehmen konnte.* München, Bayerisches Nationalmuseum ❷ 7/34 Die Allgemeinheit besteht aus Regeln, denen der Einzelne als Teil der Gesellschaft unterliegt: Noch im 18. Jahrhundert wurden »Schandmasken« zur Bestrafung eingesetzt. *Vorzugsweise wegen Ehebruches, Beleidigung oder Streit Verurteilte mussten sie in der Öffentlichkeit tragen. Gleichzeitig waren solche Masken Vorbild für Fastnachtsmasken.* Badisches Landesmuseum Karlsruhe

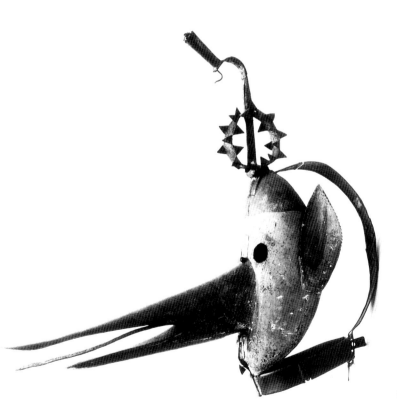

❷

7/58 a) c) Mounir Al Shaarani, zwei Blätter der Trilogie des ›Gilgamesch-Epos‹ *nach drei verschiedenen Übersetzungen, 1999. Besitz des Künstlers*

❶ **»Nur der Freie ist dem Freien Freund«** *Der Text im Zentrum des Blattes sowie der Titel sind von dem arabischen Dichter Ahmed Schauki.*

❷ **»Die Verirrung beginnt bei dir«** *Der Text im Zentrum des Blattes sowie der Titel sind dem arabischen Dichter Wali Khazendar entlehnt.*

050

❶ **Fabelwesen und Chimären.** *Rechte Tafel des Gemälde-Triptychons »Der Garten der Lüste« von Hieronymus Bosch (1510). Die Phantasiegestalten von Bosch waren Vorbild für viele Künstler und wurden vielfach zeichenhaft für irreale Wesen und Traumgespinste verwandt.* Madrid, Museo del Prado

❷ **7/66 Das bizarr-ernsthafte Porträt aus Pflanzen, Früchten, Muscheln und Tieren steht in der Nachfolge des italienischen Malers Arcimboldo, der im 16. Jahrhundert, als ein neuzeitlicher Begriff künstlerischer Bildschöpfung entstand, mit seinen phantastischen Kompositköpfen Aufsehen erregte.** *Sie fanden zahlreiche Nachahmer wie den unbekannten Maler dieses Gemäldes aus Belgien, Fondation J. van Caloen, Château de Loppem*

❷

04 __ phantasie-flüge)

7/67 Das dämonische Fabeltier aus China diente vermutlich als Grabwächter zur Abwehr böser Geister. *Die Figur, zu der ein Pendant gehört, ist in der ersten Hälfte des 6. Jahrhunderts entstanden.* Linden-Museum Stuttgart

——— MARGRET KAMPMEYER-KÄDING

Unser gewöhnliches Leben stelle nur eine Illusion dar, hinter der sich die Realität der Träume verberge – so Werner Herzog in seinem Film *Fitzcarraldo* (1982), mit dem er exemplarisch die Macht der Phantasie, ihre Leidenschaft und Unbedingtheit in Szene setzte. ——— Die Einbildungskraft, die eigentlich schöpferische Kraft jedes Menschen, figuriert irreale Welten und Bilder des nie Gesehenen und nie Erfahrenen und wirkt nachhaltig in die Wirklichkeit hinein. Vorbehalte gegen sie gelten dem Kontrollverlust des Bewusstseins und ihrer Schrankenlosigkeit jenseits konventioneller Muster. Das Denken in Korrespondenzen und Analogien, ferner Assoziationen, die Verwendung ungewöhnlicher Gedankenverküpfungen und -sprünge befeuern Kunst, Wissenschaft und Technik, sowie jedwede menschliche Tätigkeit. Ein früher Vorläufer modernen Denkens im 13. Jahrhundert, der Theologe und Philosoph Ramón Lull, der für eine Kombinatorik der Begriffe gegen die rationale Logik des Aristoteles plädierte, nannte sich einen *vir phantasticus.* Dies zu einer Zeit, als mit Phantasie noch das Verdrängte – Glossen, Grotesken und Kritzeleien – gemeint war und Inspirationen und Einfälle auf höhere oder teuflische Eingebungen zurückgeführt wurden. Ein neuzeitlicher Begriff von Einbildungskraft kommt zusammen mit dem der Subjektivität erst in der Renaissance auf. Vorreiter war der Florentiner Humanist und Gelehrte Pico della Mirandola, dessen Thesen zum autonomen Selbstentwurf des Menschen die Freiheit der Phantasie mit einschlossen. Die Einbildungskraft, der er sich in seinem *Liber de Imaginatione* (1501) widmete, diskutierte Pico als Quelle von Freiheit und Gefährdung. Spätestens mit der dritten Auflage der *Iconologia* (1618) von Cesare Ripa, in der erstmals die Figur der *Imaginazione* aufgenommen ist, hat sich die neue Auffassung durchgesetzt. In diesem weit verbreiteten Werk der Bildbegriffe verschwistert Ripa zudem die Phantasie mit dem Traum, indem er die Tag- wie die Nachtgespinste als Leistung der gleichen subjektiven Phantasie setzt.

_____ Bereits von den antiken Philosophen wurde die Einbildungskraft im Hirn lokalisiert als eine der drei inneren Sinne des Menschen und auch schon ausdrücklich mit dem Gedächtnis und dem diskursiven Denken zusammengedacht. Nach neuester Hirnforschung hängt das imaginative Denken mit der rechten Hirnhälfte zusammen, wo auditive und visuelle Imagination, musikalisches Denken und emotionale Komponenten vorwiegend lokalisiert sein sollen. Phantasie stellt sich als eine besondere und vielfältige Vernetzungsweise von Nervenenden unserer »Denksoftware« dar. Nach den amerikanischen Psychologen Singer und Pope ermöglicht »das imaginative Denken ... die kontinuierliche Informationsverarbeitung nach der Wahrnehmung und verschafft bei Phänomenen wie Träumen und Tagträumen den aufkommenden Ideen und Gefühlen die sinnliche Gestalt.« Es stimmt mit eigenen Wahrnehmungen überein, wenn wir erfahren, dass die bildliche oder räumliche Repräsentation im Hirn als Kodierungssystem eher mit parallelen als mit linearen Prozessen arbeitet. _____ Rückschau und Fiktion, wie Kultur schlechthin, haben die Einbildungskraft zur Bedingung. In frühen Kulturen wie tribalen Gemeinschaften wurden Ursprungsmythen, Schöpfungsberichte und Ahnenkulte im (Masken)Tanz, in Gesang und Erzählung vergegenwärtigt und über die Einbildungskraft in das Gedächtnis eingeschrieben. Die frühesten überlieferten Phantasiegestalten waren kombinatorisch: altorientalische Fabelwesen aus Mesopotamien und Ägypten aus der Zeit um 3000 v. Chr. Diese Gattung der Misch- und Zwitterwesen, der geflü-

Die einzigartige Gestaltung und der präzise Aufbau der kalligrafischen Werke Mounir Al Shaaranis überraschen den Betrachter und versetzen ihn in Erstaunen angesichts einer Fülle unzähmbarer Visionen. Diese künstlerischen Entwürfe erschöpfen sich nicht im Zeichenhaften, in der Abstraktion etwa, sondern sie stellen jeweils erneut die Kraft der traditionsreichen arabischen Kalligrafie unter Beweis. Moderne Dichtung macht sie ebenso zu ihrem Gegenstand wie sie den Texten des antiken sumerischen Gilgamesch-Epos den ihnen gebührenden Ausdruck verleiht. In diesem traditionsübergreifenden Aspekt liegt das Schöpferische im Schaffen Al Shaaranis. Es ist der Kern seines Anliegens, allgemein bekannte und festgefahrene Formen und Stile der arabischen Kalligrafie zu überwinden, sie durch neue Methoden und Stile zu ersetzen und ihnen ihren eigenen zeitgemäßen Ausdruck zu verleihen – und sie dennoch untrennbar in die Geschichte dieser Kunst zu verankern. Er beachtet ihre Gesetzmäßigkeiten, die auf exakten mathematischen Verhältnissen basieren und respektiert die Unveränderlichkeit der Buchstabenformen und deren Beziehung zueinander, sodass die wichtigsten Kriterien auch der traditionellen ästhetischen Bewertung sich erfüllen. _____ Die künstlerische Gestaltung in Al Shaaranis Werken steht dabei im inneren Dialog mit der Bedeutung der einzelnen Worte, des Sinnspruches, aus dem das Werk besteht. Dieser Dialog verleiht seinem Werk eine besondere ästhetische Dimension. Der Betrachter fühlt sich angeregt, innezuhalten und Fragen zu stellen: Bezieht nun der kalligrafierte Text seine Wirkung aus der Schönheit der Schrift oder verleihen die ästhetisch harmonischen Schriftzüge der Bedeutung des Textes und seines poetischen Klangs seine Schönheit? _____ Wie kein anderer versteht es Al Shaarani, diesen Dialog in seinen Bildern schöpferisch umzusetzen. In seiner Kunst erhalten Schriften aus alten traditionellen Schulen, die ursprünglich nichts anderes als offizielle Schriftwechsel von Kalifen und Sultanen, auch Architektur und Textilien ornamentierten, ein modernes Gesicht. Hier zeigt sich ein Akt des sich unendlich erneuernden Schöpferischen, dem schönen Vogel eines alten phönizischen Märchens gleich, der immer wieder, nachdem er dem Tode und der Vergänglichkeit geweiht war, zu neuem Leben erwacht. → **Mounir Al Shaarani** _____ *geboren 1952, war Schüler des großen syrischen Kalligrafen Badawi Al Dirany und studierte Bildende Kunst in Damaskus.* _____ *Seit 1967 arbeitet er als Kalligraf, Designer und Typograf.* _____ *Al Shaarani hat im In- und Ausland an diversen Ausstellungen teilgenommen.* _____ *Er lebt und arbeitet heute zusammen mit seiner Ehefrau, der Schriftstellerin Salwa Bakr, in Kairo. Übersetzung von Youssef El Tekhin*

04_2) **zu den kalligrafien**

al shaaranis _____SALWA BAKR

gelten Dämonen und Chimären begegnet uns in allen Kulturen, zur Angstbannung und als Vorstellungen sagenhafter Wesen und Tiere. _____ Zwei unterschiedliche Weisen der Imagination seien mit Arbeiten von zwei zeitgenössischen Künstlern präsentiert: die bildlich-expressive Phantasiekraft der Masken von Romuald Hazoumé und die linear-abstrakte der

❶ ❷ ❸

a) b) c) ❹ ❺ ❻

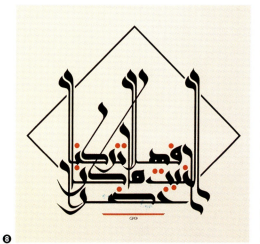

❽ ❼

Kalligrafien von Mounir Al Shaarani **❶** 7/59 a) »Verwirrende Spiegelungen«, 1999 *Gedicht des arabischen Poeten Walid Khazendar* **❷** 7/59 b) »Die Falle«, 2000 *Gedicht des arabischen Poeten Walid Khazendar* **❸** 7/64 »Der Wissende ist ein Freund der Abstraktion«, 1990 **❹** 7/58 a-c Trilogie des ›Gilgamesch-Epos‹, 1999 *nach drei verschiedenen Übersetzungen, Besitz des Künstlers* a) »Nur der Freie ist dem Freien Freund« *Der Text im Zentrum des Blattes sowie der Titel sind von dem arabischen Dichter Ahmed Schauki.* b) »Die Verirrung beginnt bei dir« *Der Text im Zentrum des Blattes sowie der Titel sind dem arabischen Dichter Wali Khazendar entlehnt.*
c) »Was du begehrst ist unsagbar« *Der Text im Zentrum des Blattes sowie der Titel sind dem arabischen Dichter Ali Mutanabbi entlehnt.* **❺** 7/62 »Worte sind trügerisch«, 1998
❻ 7/60 »Unnütz ist, was nicht unser Wissen bereichert«, 1986
❼ 7/61 »Worte sind trügerisch«, 1997 **❽** 7/63 »Schonet die Flora solange sie grün ist«, 1993

❶

❷

③

❹

❺

⑥

Masken von Romuald Hazoumé

❶ 7/46 Bürgerin, 1997
❷ 7/45 Zemi, 1997
❸ 7/40 Rotkehlchen, 1997
❹ 7/44 Schmollen, 1998
❺ 7/43 Ovan, 1997
❻ 7/48 Mein innerer Hafen, 1997
❼ 7/39 Miss Berlin, 1999
❽ 7/38 Claudia, 1999
❾ 7/49 Cogoloto, 1997
❶⓿ 7/47 Zemidjan, 1977
❶❶ 7/42 O Houan, 1998
❶❷ 7/41 Lolita, 1998

❼

❽

❾

❶⓿

Kalligrafien Mounir Al Shaaranis. Hazoumé verwandelt gebrauchte, zerbeulte oder aufgerissene Plastikkanister durch geringfügige Manipulation in wahre *personae*, an denen der Prozess ihrer Metamorphose sichtbar bleibt. Die Wahrnehmung des Betrachters wechselt fließend und spielend wie die Phantasie selbst zwischen dem Rohmaterial – Wegwerfprodukte der Industriegesellschaft – und den hieraus hervorgetriebenen Ausdruckstypen. Dagegen setzt die Kalligrafie auf die Vorstellungskraft symbolhafter Zeichen, wie sie in der arabischen Kultur, der ersten, die ihre Sprache studiert und ihre Schrift zur Kunstform erhoben hat, zu höchster Form entwickelt wurde. Mit der Kalligrafie zeigt sie sich ästhetisch kodiert, als ornamentales Geflecht und Wortbild, das in der Realität nicht gespiegelt ist und über eigene Suggestivkraft und emotionale Anmutung verfügt. _____ Die neuen Bildmedien haben der Einbildungskraft einen weiteren Raum eröffnet. Der simultane, fließende Charakter digitaler Bilder und des nichtlinearen Internets mit seinen Affinitäten zur Arbeitsweise der Phantasie ist von herausfordernder Manipulierbarkeit und bietet imaginativem Denken und auch dem gestalterischen Prozess neue Perspektiven. Es ist abzusehen, dass dies auch unsere Wahrnehmung beeinflussen wird. _____ In den letzten Jahren sind Imagination und Kreativität in den Blickpunkt verschiedener Interessengruppen gerückt. Ein Boom von Kreativitätsschulungen für Manager erhoffte neue Impulse im Wettkampf der Firmen, privates Schöpfungsstreben verlangte nach Instruktion und die Kreativitätsbegeisterung im Bildungswesen versuchte, die Phantasie zu lehren. Auf künstlerisch-wissenschaftlicher Ebene werden im Verein von Computerwissenschaften und Informationstheorie per intelligenter Software Programme entwickelt, die – auf der Basis von Wahrscheinlichkeitsberechnungen und Neuronalen Netzen – in bescheidenem Maße Simulationsmodelle schöpferischer Phantasie darstellen. Am überzeugendsten sind die Ergebnisse bisher im Bereich der elektronischen Musik, doch bleiben auch sie nur Annäherungen an das menschliche Original.

Natürlich glaubt Romuald Hazoumé an die Ahnen. In Wien hatte er eine Verabredung mit Gustav Klimt – zumindest gelang es dem Künstler aus Benin mit der Behauptung, Klimt habe ihn eingeladen, ein Visum zu diesem Treffen zu erhalten. Romuald glaubt an die Macht des Tricks. Hat Eshu, der Yoruba-Gott der Trickster, der Straßengauner, der Wanderer und Verwandlungskünstler hier seine Hand im Spiel? _____ Statt der Versicherung einer kunstakademischen Ausbildung – Benin hat bis heute keine Kunsthochschule – verlässt sich der 1962 in Porto Novo geborene Autodidakt auf die Magie der Zeichen. Sie erscheinen auf seinen Gemälden aus Kuhdung-Farben und um sie selbst zu verstehen, holt sich Hazoumé den Rat eines Yoruba-Priesters ein. Nur der kann die 256 Symbole des Orakelsystems Fä entschlüsseln. Seinen tiefen Respekt vor der ritualgeschützten Bedeutung dieser traditionellen, über tausend Jahre alten Weissagungen bezeugt der Künstler dadurch, dass er als Schöpfer und Autor des Werkes zurücktritt. Er signiert seine Bilder nicht auf der Vorderseite: Wie kann »ich, nur ein Mensch« neben den Symbolen stehen? _____ Eine andere und vielleicht weniger heiligen Respekt einfordernde Form der Eingebung sind Hazoumé die *objets trouvés*. Das Vertrauen auf die Magie des Zufalls lässt ihn die Gesichter eines bizarren Pandämoniums, Reinkarnationen von vergessenen Ahnen, die ausgelassenen Ausgeburten des Unbewussten sehen und zur Gestalt verhelfen. Scheinbar alltägliche Fundstücke vom Abseits der Straße formieren sich bei ihm zu Masken der Hybridität. Im Materialwechsel gelingt ihm die kulturelle Grenzüberspringung spielend. 1996 erhielt Hazoumé in Wiesbaden den nach dem Fluxus-Künstler benannten George-Maciunas-Preis. Seine demolierten, aufgeblasenen Plastikkanister bringen »Miss Berlin«, »Lolita«, »Claudia« und »Ovan« zur Erscheinung. Die zerknautschte »Bürgerin« ist eine Zwillingsschwester des archaischen »Zemidjan«. Mit heiterer Ironie kommentiert Hazoumé den Kulturaustausch als Recycling der Moderne: Der Westen will Masken aus Afrika? Hier habt ihr sie und euren nach Afrika importierten Zivilisationsmüll gleich mit zurück. → **Romuald Hazoumé** _____ *geb. 1962, ist autodidaktischer Künstler und hat seit 1989 an zahlreichen internationalen Ausstellungen teilgenommen, u. a. 1995 an den Biennalen »Africus« in Johannesburg und »orientATION« in Istanbul* _____ *1996 Verleihung des Georges Maciunas Preises der Stadt Wiesbaden.* _____ *Hazoumé lebt und arbeitet in Porto Novo, Benin.*

_____ SABINE VOGEL

04_3) r o m u a l d   h a z o u m é

❶ ❷

04_4)imagination

als das eigentliche leben —— FRANCISCO J. VARELA

Imagination, die Vorstellungskraft, gehört zu den wesentlichen Qualitäten unseres Lebens und Daseins. Ihre Haupteigenschaft besteht in der Produktion von lebendigen, erlebten geistigen Inhalten, die sich nicht direkt auf die wahrgenommene Welt beziehen, sondern auf eine Abwesenheit, die sie evoziert. —— Ich möchte in diesem Text die Imagination in ihrer unentwirrbaren, *nicht-dualen* Qualität betrachten, um von ihrer materiellen Gehirn-Basis aus kontinuierlich zu ihrer empirischen Qualität weiterzugehen. Es ist nicht mein Interesse, eine »Brücke« zwischen einer wissenschaftlichen Betrachtung von Imagination und deren Platz in der menschlichen Kreativität und den Künsten zu schlagen. Ich möchte das gesamte Phänomen in all seiner Komplexität beschreiben und es zu einer Einheit zusammenweben, deren Dimensionen sich gegenseitig bedingen – in Körper und Gehirn, in ihrer direkten phänomenologischen Untersuchung und in ihrem menschlichen Ausdruck. —— Hauptsächlich gehe ich von der Tatsache aus, dass Wahrnehmung und Vorstellung auf den gleichen Mechanismen beruhen. Das ist zwar seit Aristoteles wiederholt postuliert worden, den jüngsten Beweis dafür liefern aber Visualisierungen des Gehirns, erst die kognitiven Neurowissenschaften werfen ein neues Licht auf diese Frage. Die genannte Gemeinsamkeit betrifft das Zusammenwirken vieler kognitiver Fähigkeiten (einschließlich Gedächtnis, Sprache und Bewegung). Auch Unterschiede

❷ 7/68 Gelehrtensteine sind miniaturisierte Sinnbilder der Berge. *In der chinesischen Kultur stehen Felsformationen seit Alters her in einem komplexen Gefüge religiöser und philosophischer Assoziationen. Seit ca. 1000 n. Chr. sind die imaginären Berglandschaften Teil der Gelehrtenstudios: als Inspirationsquelle und zur Kontemplation über Ursprünglichkeit und Natur. Kleinere Exemplare wurden auch als Pinselhalter benutzt.* Berlin, Venzke Günter, Alte Asiatische Kunst
❸ 7/50 Markante Wurzeln gehörten ebenso in das verfeinerte Umfeld chinesischer Gelehrtenstudios. *Sie dienten der Naturverehrung sowie zur Aufbewahrung von Pinseln oder kleinen Rollbildern.* Berlin, Günter Venzke, Alte Asiatische Kunst
❹ 7/52 Zwei phantastische Mischwesen im Kampf, aus dem ›Grottesken-Buch‹ (1610) von Christoph Jamnitzer. *Pflanzlich-tierische Mischgebilde und phantastisch-verästeltes Rankenwerk mit irrealen Figurationen entsprechen ganz diesem Genre der Groteske. Es ist aus den Dekorationen antiker Grotten hervorgegangen und wurde vor allem von Raffael als eine eigene Form phantasievollen Spiels entwickelt.* Staatliche Museen zu Berlin, Kunstbibliothek

❶ 7/51 Wegen der menschlichen Gestalt ihres Wurzelstocks und der stark betäubenden und rauschhaften Wirkung hat die Alraune von alters her die Phantasie der Menschen bewegt. *Sie wächst im Mittelmeerraum und gehört zu den ältesten Heilpflanzen überhaupt. Zunächst Zaubermittel, Pflanze der Götter und Satyrn, wurde sie in unseren Breiten auch zur schwarzen Magie verwandt. Alraunen waren selten und kostbar. Oft wurden sie beschnitzt wie das Exemplar im Botanischen Museum in Berlin*

werden dabei deutlich: 1. Geistige Bilder verschwinden schnell; bei der Wahrnehmung verhält sich die sensorische Präsentation so, als ob sie das Bild festhalten wolle. 2. Geistige Bilder entstehen durch Erinnerung und Assoziation, somit haben sie keinen wahrheitsgemäßen Bezug zu deren Inhalten. 3. Bilder sind im Gegensatz zur Wahrnehmung bemerkenswert veränderbar. —— Es ist in der Tat noch sehr üblich, das kognitive Leben als eine »representative« Bewältigung zu verstehen. Dabei ist die Wahrnehmung die primäre und hauptsächliche Quelle und der Antrieb für eine gültige Kognition. Eine Fehlkognition ist somit eine Fehlrepräsentation, ein Irrtum, wie zum Beispiel ein Seil mit einer Schlange zu verwechseln. Diese Auffassung, der Geist sei eine zutreffende und adäquate Darstellung der Welt ist jedoch problematisch und führt uns zu der Einsicht, dass wir uns genauer ansehen müssen, wie Kognition verstanden werden kann. —— Ich habe über Jahre hinweg eine alternative Auffassung der Kognition auf der Grundlage von situierten körperlichen Agenten entwickelt. Ich habe den Begriff *enactiv* eingeführt, um diesen

Ansatz genauer zu bezeichnen, dessen Kernthese in zwei komplementären Aspekten fest-gehalten werden kann: 1. Auf der einen Seite die fortwährende *Kopplung* des kognitiven Agenten an *senso-motorische* Aktivitäten. 2. Auf der anderen Seite die *autonomen* Aktivitäten des Agenten, dessen Identität auf entstehenden, *endogenen* Konfigurationen (oder sich selbst organisierenden Mustern) der Nervenaktivität basiert. _____ Enaktion bedeutet somit, dass die senso-motorische Verbindung eine fortlaufende endogene Aktivität bein-flusst, aber nicht bestimmt, indem sie diese in einem permanenten Fluss in sinnvolle Gegenstände der Welt konfiguriert. Enaktion ist natürlich in die Werkzeuge eingebunden, die von dynamischen Systemen abgeleitet sind, und steht damit in starkem Gegensatz zu der kognitivistischen Tradition, die ihren natürlichen Ausdruck in syntaktischen infor-mationsverarbeitenden Modellen findet. _____ Aus einer enaktiven Betrachtungsweise folgt, dass geistige Akte durch die gleichzeitige Teilnahme von mehreren Bereichen des Gehirns sowie deren unterschiedliche senso-motorische Verkörperungen charakterisiert werden. Die komplexe Aufgabe, diese verschiedenen Bestandteile miteinander in Verbin-dung zu setzen und zu integrieren, macht die Wurzel der *Temporalität* aus. Für eine hoch-differenzierte Vorstellung zum Beispiel würde diese breit angelegte Integration aus allen notwendigen Bestandteilen schöpfen und dabei nicht nur Fähigkeiten der Wahrnehmung mobilisieren, sondern auch Motivation und emotionale Gestimmtheit, Aufmerksamkeit,

❹

Gedächtnis und Bewegung beanspruchen. Das umfasst in der Topo-grafie des Gehirns Regionen und Bereiche, die weit voneinander ent-fernt liegen. _____ Ein zentraler Gedanke, der hier verfolgt wird, besteht darin, dass diese verschiedenen Bestandteile einen Rahmen bzw. ein Fenster der Simultaneität nötig machen, das der Dauer der *gelebten Gegenwart* entspricht. Das ist für uns von Bedeutung, da es die Imagination in ihre faktischen Dimensionen setzt: als transitorische Natur eines Bildes oder eines Inhalts mit einem Bewusstseinsfluss. Die-ser Gedanke ist wesentlich für das Verständnis einer ganzen Reihe von Indizien und experimentellen Prognosen. Diese Rahmen stehen dafür, dass die wahrgenommene Zeit unzusammenhängend und nicht line-ar ist, da die Natur dieses fehlenden Zusammenhangs ein Horizont von Integration ist, vorstellbar als ein Strang von zeitlichen ›Trop-fen‹. _____ Innerhalb dieses enaktiven Rahmens ist nun die selbstpro-duzierte Aktivität des Organismus von genauso zentraler Bedeutung für das kognitive Leben, wie die traditionelle Vorstellung, dass die Welt eine Art von »input« liefert. Um es klar zu sagen, das Gehirn bezieht sich meistens auf seine eigene Aktivität, die ständig damit beschäftigt ist, den Organismus zu erhalten und zu regulieren. Diese endogene, sich selbst konstituierende Aktivität basiert auf seiner weitreichenden Vernetzung, aber auch darauf, dass das Gehirn als Teil des Organismus nie aufhört, sich selbst zu regulieren. Das erzeugt fortlaufende Ebenen von Aktivität, die ständig dynamische Muster hervorbrin-gen, auch ohne irgendein Input der Welt. _____ Und eine der stärksten Manifestierungen dieser Tatsache stellt das blumige, imaginäre Leben dar, das sich während des Träumens zeigt. Eine normale Wahrnehmung ist, bis zu einem wesentlichen Grad, *eine Imagination, die durch die Sensomotorik eingeschränkt wird.* Imagination ist wesentlich für das Leben selbst und nicht ein marginaler Nebeneffekt oder ein Epiphänomen der Wahrnehmung. _____ Was wir gerade gesagt haben, erklärt nicht, wie solch eine groß angelegte Selbstorganisierung im Gehirn verläuft. Obwohl die kognitive Neurowissenschaft eine ganze Menge über die Vielfalt der beteiligten Bereiche und deren spezifische Beiträge weiß, weiß sie sehr viel weniger, wie diese Bereiche in einem »Konzert« zusammenarbeiten können. Es gibt zwei allgemeine Prinzipien, die wir in diesem Zusammenhang betonen möchten: *Wechselseitigkeit und Synchronie.* Wechselseitigkeit bezieht sich auf die Tatsache, dass der kognitive Vorgang - im Gegensatz zu der klassischen, auf Informationsverarbeitung basierenden Vorstellung - nicht als linearer Fluss beschrieben werden kann, der von dem rohen sensorischen Input zu einem konzeptionellen Begreifen führt und in Motivation und Aktion mündet. Anatomisch wie physiologisch sind die so genannten »niedrigeren« und die »höheren« Ebenen miteinander auf *reziproke* Weise verbunden. Wenn ein visuelles Bild dem Auge gezeigt wird, trifft es auf einen hochstrukturierten neuralen Kontext, den es modulieren aber nicht direkt steuern kann. Wahrnehmung wird nachweislich von höheren kognitiven Erinnerungen, von Erwartungen und Handlungsvorbereitungen eingeschränkt und geformt. Dies bedeutet, dass die endogenen Phänomene (zum Beispiel selbstaktivierte Erinnerungen und Prädispositionen), das heißt Imaginationen, immer ein Teil der Wahrnehmung sind. _____ Umgekehrt ist die Erzeugung des Imaginären nicht ein anderer oder getrennter Strom, sondern ein konstitutiver Bestandteil des normalen Lebensflusses. Daraus folgt, dass man nicht darauf hoffen kann, einen natürlichen Rechenschaftsbericht der Imagination als eine Art kognitives Modul oder in einer Hirnregion zu finden. Sie muss vielmehr einem emergierenden globalen Muster entsprechen, das sowohl in der Lage ist, die Körper-Hirn-Aktivität in großem Maßstab zu integrieren als auch schnell abzuklingen zugunsten des nächsten Moments geistigen Lebens. _____ Synchronie bezieht sich auf die wachsende Einsicht, dass der tatsächliche Prozess, in dem die Wechselseitigkeit ausgeführt wird, in einer vor- und zurücklaufenden Feinabstimmung der nervlichen Aktivität im gesamten Gehirn liegt. Sie liefert die Basis für eine einheitliche Erfahrung bei jedem geistigen Akt. Das grundlegende Postulat ist, dass es für jeden kognitiven Akt eine bestimmte einzelne Zusammenstellung von Zellen gibt, die seinem Entstehen und Verlauf zu Grunde liegt. Das Entstehen eines kognitiven Aktes fordert, wie bereits erwähnt, die Koordinierung von vielen verschiedenen Regionen, die verschiedene Fähigkeiten ermöglichen: Wahrnehmung, Gedächtnis, Motivation und so weiter. Sie müssen in spezifischen Gruppierungen zusammengefasst sein, die den Besonderheiten der aktuellen Situation, in der das Lebewesen sich befindet, entsprechen, um sinnvolle Inhalte in sinnvollen Kontexten für die Wahrnehmung und das Verhalten zu konstituieren. _____ Wenn also mit Visualisierungen ein Gehirn gezeigt wird, das an mehreren Stellen während einer geistigen bildlichen Vorstellung leuchtet, kann dessen Bedeutung jetzt ausgeführt werden. Erstens, dass die Imagination in der Tat nicht ein zusätzliches dem Menschen eigenes Detail ist, sondern vielmehr am Ursprung des kognitiven Lebens überhaupt liegt. Zweitens, dass eine solche Imagination funktioniert, weil der Organismus auf der Grundlage einer umfassenden Integration vieler, gleichzeitig ablaufender Prozesse autonom arbeitet. Drittens ist das Wesen dieses nicht-linearen, emergenten Prozesses dynamisch und kurzlebig und ereignet sich in pulsierenden Tropfen von erlebter Zeitlichkeit. Dementsprechend erscheinen aus der Sicht der kognitiven Neurowissenschaft geistige Bilder als ein globales, dynamisches Muster, das vielfältige gleichzeitige Aktivitäten integriert. Diese Nicht-Linearität und Vielfältigkeit ist, wie ich vermute, die tatsächliche Quelle der kreativen und spontanen Natur der Imagination. Die Phänomenologie der Vorstellung und der Vorstellungskraft stimmt mit den Schlussfolgerungen der jüngsten kognitiven neurowissenschaftlichen Analyse überein: man muss sich abwenden von dem Extrem, Identität und Differenz zu bestimmen, vielmehr ihre gemeinsame Grundlage für andere mentale Fähigkeiten entdecken. _____ Kurz gefasst, Kognition ist enaktiv emergent und bestimmt die lokalen Elemente und das Subjekt. Der Geist ist voller Vorstellungen und repräsentiert nicht irgendwelche Tatsachen. Im Geist geht es darum, ständig die kohärente Realität, die die Welt ausmacht, aufzuspalten - eine Kohärenz der Organisation als Übergang von Lokalem zu Globalem. Wahrnehmung ist so imaginär wie Imagination auf Wahrnehmung beruht, ein vertrautes Thema, das wir in modernem Rahmen wieder neu entdecken. Vielleicht zeugt es davon, dass die Imagination und die Kunst als das eigentliche Leben zu feiern wären. *Übersetzung von Hatice Demircan und Ulrike Goeschen*

04_5) die illusionsfabrik –

künstliche und natürliche kreativität____ PIERO SCARUFFI

Die Spaltung der Objektwelt in eine »künstliche« und in eine »natürliche« ist eine recht neue Erfindung. Viele Jahrhunderte lang hätte eine solche Unterscheidung keinen Sinn gehabt, da letztlich alles und jedes zur Natur gehörte. Höchstens Philosophen haben zwischen »natürlich« und »göttlich« unterschieden. _____ Es ist kennzeichnend für unser Jahrhundert, dass wir zwischen dem Bereich natürlicher Wesen – also letztlich uns – und dem Bereich künstlicher Dinge, den Maschinen, einen Unterschied machen. Die Faszination der Maschine geht sicher auf die Dampfmaschine und die gewaltige Industrielle Revolution zurück. Maschinen wurden immer komplizierter, immer raffinierter, immer »intelligenter«, bis schließlich der Computer erfunden und die Maschine ihren Erfindern ebenbürtig, bisweilen sogar überlegen wurde. Um die Jahrtausendwende steuern Maschinen die Welt in einem solchen Ausmaß, dass wir langsam beginnen, sie als eine eigene Art zu betrachten, als eine Parallelwelt zur unsrigen. Zwar können sie nichts vollbringen, solange sie nicht von uns Menschen programmiert werden. Im Gesamtbild aber schrumpft diese Tatsache zusehends mehr zu einem zu vernachlässigenden Detail. Ursprünglich konnten diese Maschinen nur rechnen. Heute können sie lesen, sprechen, logische Schlüsse ziehen, lernen – und manche sogar schon gehen. Zuerst war

7/57 Im kleinen spielerischen Format hat Oskar Schlemmer 1920 aus wenigen geometrischen Formen und mit ausdruckshafter Pointierung eine »Groteske« von lakonischem Witz geschaffen. Staatliche Museen zu Berlin, Nationalgalerie

es nur die Geschwindigkeit, die ihren Einsatz sinnvoll machte; langsam aber stetig holen sie jedoch auf Gebieten auf, die über viele Jahrtausende den Menschen vorbehalten zu sein schienen. _____ Während es uns immer weniger interessiert, welche Aspekte der Realität göttlichen Ursprungs sind, interessiert uns immer mehr, welche Aspekte von der Maschine verändert, verbessert, neu gestaltet werden können. Erst kam die Künstliche Intelligenz mit ihren künstlichen Expertensystemen, ihren natürlichen Sprachprozessoren und visuellen Erkennungssystemen etc., heute haben wir sogar Künstliches Leben mit seinen künstlichen Ökosystemen und künstlichen Lebewesen. Bald werden wir

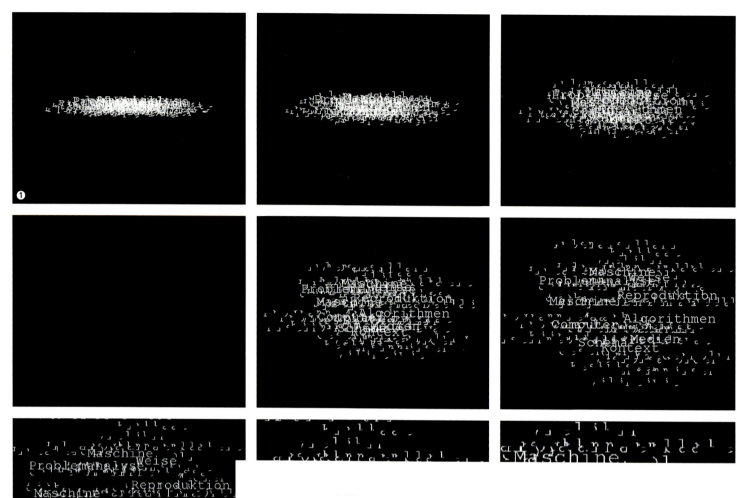

❶ Die »Mind Reading Machine II« von Philipp von Hilgers und Axel Roch unterläuft in Bild und Schrift, genauso wie die Kommunikationsmedien Telegrafie, Film und Fernsehen des letzten Jahrhunderts, nicht nur die Schwelle der Wahrnehmung, sondern auch die des Willens. *Aus einem ursprünglichen weißen Rauschen von Signifikanten suggeriert das Exponat eine imaginäre Kontinuität des Lesens, das aber in der Verbindung mit einem Blickverfolgungssystem in Wahrheit ein unbewusstes Schreiben ist. Eine gleichwahrscheinliche und kreative Variation typografischer Informationsträger erscheint den Betrachtern sukzessive als Bedeutung, die sie selbst mittels interaktiven und messbaren Blicken dem Computer als Bild- und Zeichenmedium gegeben haben (s. S. 111).* ❷ Schematische Gesamtdarstellung: Auge und Eyetracking

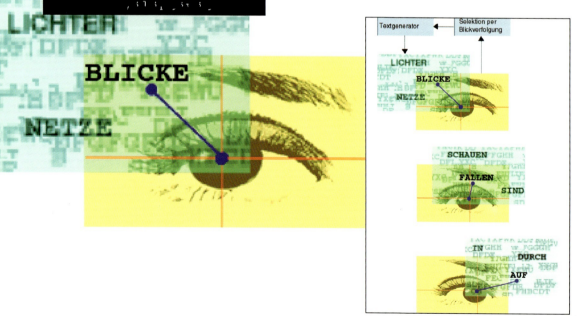

Künstliches Wissen und Künstliche Kreativität haben. ⎯⎯ Ursprünglich war eine Maschine ein Gerät, das imstande war, natürliche Energie zu nutzen und in eine andere, noch nutzbringendere Form zu verwandeln. Noch immer messen wir die Leistung eines Motors in »Pferdestärken«, dem Äquivalent der Kraft eines Pferdes, weil eine Maschine am Anfang Ersatz für viele Pferde war. Dann übernahmen die Maschinen Aufgaben wie Fertigungs- und Rechenarbeiten und bald ersetzten sie Dutzende von Arbeitern und Buchhaltern. ⎯⎯ Um die Jahrtausendwende wird nun immer öfter jener Teil der Natur ersetzt, der wir sind: unsere Intelligenz, unser Leben, unser Wissen, unsere Kreativität. Alan Turing eröffnete eine philosophische Debatte, die bis heute andauert, als er erstmals die Frage stellte: »Kann eine Maschine wirklich intelligent sein? Ist es sinnvoll, von Künstlicher Intelligenz zu sprechen?« Dieselben Fragen gelten für die Kreativität. Turings Frage löste eine Flut von Ideen aus und führte schließlich zu beunruhigenden Schlussfolgerungen. Während wir immer tiefer in die Geheimnisse des menschlichen Bewusstseins eindringen, finden wir immer weniger Einzigartiges daran. Biologen wie Humberto Maturana, J. J. Gibson, Ulrich Neisser kamen zu dem verblüffenden Schluss, dass »Erkenntnis« Allgemeinbesitz all jener lebenden Systeme ist, die zum Überleben in ihrer Umwelt kognitive Fähigkeiten benötigen. »Imagination« ist lediglich eine Methode, gefräßigen Raubtieren zu entkommen oder unter schwierigen Bedingungen Nahrung zu finden und ist daher in der Natur weit verbreitet, wenn nicht allgegenwärtig. Philosophen wie Jerry Fodor, Logiker wie Allan Newell und Linguisten wie Noam Chomsky meinen, dass das Bewusstsein ein symbolischer Prozessor sei und als solcher seinerseits nur eine Maschine. »Imagination« ist nur die Leistung eines Programms. ⎯⎯ Neurophysiologen wie Gerald Edelman, Antonio Damasio und Rodolfo Limas skizzieren das Gehirn als neurales Netzwerk, das den Darwinschen Prinzipien der natürlichen Selektion folgt. Das Gehirn tut, was es tut nur, weil diese Funktion von der Umwelt selektiert wurde. Unsere Vorstellungen sind nicht unsere, ebenso wie auch unser Verhalten nicht das unsrige ist: Letztlich sind wir durch unsere Umwelt determiniert. Vorstellungskraft ist eine Folge von Veränderungen in unseren neuralen Verbindungen, die von unserer Umwelt konditioniert werden. Wissenschaftlern wie Stuart Kauffman ist Einbildungskraft ein besonderer Fall von Selbstorganisation eines komplexen Systems, sind unsere Hirne und unsere Leben nur Beispiele komplexer Systeme. Eine Reihe von allgemeinen Gesetzen der Selbstorganisation betreibt unser Universum, wie Einsteins Gravitationsfeldgleichung und der Zweite Hauptsatz der Thermodynamik. Wir sind letztlich nur das Nebenprodukt eines Selbstorganisationsprozesses von Leben, und unsere Kreativität das Nebenprodukt des Selbstorganisationsprozesses in unserem Gehirn. ⎯⎯ Shakespeare und Michelangelo wussten es nicht, gehorchten aber lediglich physikalischen Gesetzen, als sie ihre Kunst schufen. Wollte man Turing widerlegen und zeigen, dass ein Computer niemals so »einzigartig« sein würde wie unser Bewusstsein, dann gelangten wir geradewegs zum Beweis des Gegenteils: dass unser Gedächtnis keineswegs so einzigartig ist. Paradoxon und Anziehungskraft der Kreativität liegen darin, keine notwendige Voraussetzung der Existenz zu sein. Wenn wir Kreativität als jene Gedanken definieren, die wir nicht brauchen, um zu überleben, als Gedanken, die unserem Wunsch, Gefühle auszudrücken, geschuldet sind, dann ist Kreativität etwas, das es nicht zu geben scheint. ⎯⎯ Was tue ich also, wenn ich ein Gedicht schreibe, was, wenn ich Musik komponiere? Künstliche Kreativität kann die Frage klären helfen. Eine Maschine, die in der Lage ist, einen narrativen Text hervorzu-

bringen oder visuelle Eindrücke zu erzeugen, führt uns schlicht eine andere Bedeutung von Kreativität vor: Nicht den ungebundenen Geist des einsamen geistig Reisenden, sondern einen durchaus an seine Umgebung gebundenen und in Übereinstimmung mit allen anderen Individuen stehenden Geist. Für eine Maschine kann das, was wir Kreativität nennen, nur »Reorganisierung des Wissens und des Innenlebens auf eine Weise, für die ich nicht programmiert wurde«, heißen. Das ist ein offensichtlicher Widerspruch, da eine Maschine nur das kann, wofür sie programmiert wurde. Man kann aber ein Programm schreiben und zum Beispiel ein Zufallselement für die Entscheidung, wie seine Datenspeicher und die internen Prozesse zu reorganisieren sind, einsetzen. Ist das ausreichend, um Künstliche Kreativität zu erzeugen? Wahrscheinlich nicht. Eine Maschine, die nur Zufallstexte oder -bilder produziert, ist nicht kreativ. Kreativität ist sowohl in der Kunst als auch in der Wissenschaft vor allem eine Auseinandersetzung über die vorherrschende Kultur. Bei der Kreativität geht es um ein Überschreiten des Kanon, um die Eröffnung einer neuen Sicht auf die Realität. Kreativität macht erst im historischen Kontext Sinn. Einstein war im Kontext der Physikgeschichte kreativ, van Gogh im Kontext der Malereigeschichte. Eine kreative Maschine müsste also um die bestehenden kulturellen Paradigmen wissen und dann einen Zufallsfaktor einer beliebigen Technik einsetzen, um ein neues Paradigma hervorzubringen. _____ Beim Versuch, Künstliche Kreativität zu definieren, lernen wir indirekt auch etwas über unsere

7/53 Fabelwesen aus Mythologie und Legende, versammelt im »Bilderbuch für Kinder« *von Friedrich Justin Bertuch, 1790* Berlin, Staatsbibliothek – Preußischer Kulturbesitz

natürliche Kreativität. So wie auch der Versuch, Künstliche Intelligenz herzustellen, zu einem besseren Verständnis unserer natürlichen Intelligenz führte und der Versuch, Leben zu simulieren, zu einem besseren Verständnis biologischer Mechanismen. _____ Wozu könnte Künstliche Kreativität gut sein? Die gleiche Frage ließe sich für die Künstliche Intelligenz stellen und – überhaupt – für jede von uns erfundene Maschine, die eine künstliche Leistung erbringt. Wir nutzen das Künstliche, um elementare Arbeiten zu erledigen und um unser Leben auf höhere Aufgaben ausrichten zu können. Künstliche Kreativität gäbe uns die Möglichkeit, von Maschinen die niederen Schritte ausführen zu lassen, um hierauf eine höhere Stufe der Kreativität zu erreichen. Ein Musiker könnte eine Maschine nutzen, um eine Melodie zu erzeugen, die es vorher noch nicht gab, oder ein Gitarrist, um einen Ton zu erzeugen, der noch nie gespielt wurde. Je kreativer Maschinen wären, um so mehr könnten sich Musiker auf die abstrakteren Aspekte ihrer Musik konzentrieren. Die Herausforderung wird darin bestehen, dass wir kreativer bleiben als unsere Maschinen.

neuronale netze und kreativität

———— MANFRED KRAUSE

→**annäherung an den begriff der kreativität** Bei überlegtem und vorsichtigem Sprachgebrauch – unsere Gegenwartssprache geht mit vielen Begriffen höchst nachlässig um – soll unter Kreativität die Fähigkeit verstanden werden, aus sich selbst heraus etwas Neues, sinnvoll Gestaltetes, hervorzubringen. So gesehen lässt sich Kreativität gegen Innovation abgrenzen, weil jeder Mensch von Kindheit an, bei der Lösung alltäglicher Probleme ebenso wie bei komplizierten Aufgaben, kreativ ist, auch wenn die gleichen Lösungen bereits einmal von anderen gefunden wurden. Innovation dagegen ist das noch nie Dagewesene, das Originäre. Sie schließt Kreativität ein, wobei es aber vorkommen kann, dass zu fast gleicher Zeit die gleichen Ideen unabhängig voneinander entstehen (in der Technik entscheiden darüber zum Beispiel Patentämter). Haben wir bisher nur aus menschlicher Sicht gesprochen, so müssen wir bei genauer Überlegung zugeben, dass Kreativität und Innovationsfähigkeit keine ausschließliche »Domäne« des Menschen sind. Die Notwendigkeit zum Überleben in einer sich ständig verändernden Umwelt erfordert individuelle Anpassung und bei »intelligenteren« Lebewesen sogar überindividuelles Lernen. Nicht umsonst bewundern wir diese Leistungen in den beliebten Tierfilmen. →**das natürliche »neuronennetz« gehirn** Bevor wir zur menschlichen Kreativität und

063

Innovationsfähigkeit zurückkehren, müssen wir uns über das Fundament dieser Fähigkeit klar werden. Als Neugeborene sind wir, wie alle anderen Wesen, mit einem Fundus von »Instinkten« ausgestattet, der uns erste Überlebensgarantien gibt. Dann müssen wir uns in der Umwelt bewähren, in die wir hineingeboren wur-den, indem wir Erfahrung und Wissen über sie erlangen. Der angeborene Fundus und unsere besonders umfangreiche Hirnrinde, der Cortex mit seinen mehr als 100 Milliarden Nervenzellen, den Neuronen, ist das Mittel dazu. Abgesehen von einer naturgegebenen Grundausstattung an Verbindungen zwischen den Sinnesorganen und den Neuronen bestimmter Gebiete des Gehirns sowie der Neuronen untereinander, werden in den ersten Lebensmonaten immer mehr Neuronen miteinander zu einem »Neuronennetz« »verschaltet« und so wichtige erste Lebenserfahrungen fixiert. Die Komplexität des entstehenden Neuronennetzes lässt sich daran ermessen, dass im Durchschnitt jedes Neuron im Cortex mit 10 000 anderen verknüpft wird. Über Verknüpfungspunkte, die Synapsen, werden die Nervenerregungen – es sind biochemische Vorgänge, die sich zugleich als elektrische Impulse repräsentieren – weitergegeben. Damit ein Neuron aktiv wird und einen Impuls an die mit ihm verbundenen Neuronen abgibt, müssen an seinen Synapsen viele Impulse von anderen Neuronen gleichzeitig ankommen. Lernen beruht nun darauf, dass die Weitergabe der Nervenimpulse über die Synapsen immer leichter erfolgt, je öfter diese beansprucht werden. Lernen besteht daher in Wiederholungen und in der Verknüpfung mit anderen Wahrnehmungen. Neuronale Netze sind Klassifizierungs- und Zuordnungssysteme. Durch die Aktivierung bisher noch nicht »ausgelasteter« Synapsen können wir lebenslang lernen und Erlebnisse speichern. Wird ein Neuronennetz durch äußere oder innere Wahrnehmungen aktiviert, sind wir uns der Situation bewusst, in der wir uns befinden, können wir uns früher Erlebtes vergegenwärtigen und dies alles mit neuen

❶ 7/54 Krishna und seine Geliebte Radha auf der Götterschaukel, zwischen Himmel und Erde. Köln, Rautenstrauch-Joest-Museum
❷ 7/70 »Lernmatrix« nach Karl Steinbuch. *Die Lernmatrix stellt eine frühe Form eines neuronalen Netzes dar, dessen Funktionsweise auf dem Konzept des bedingten Reflexes nach I. P. Pawlow beruht.* Karlsruhe, Universität (TH)
❸ »Radio-Sampling-Station« der Frankfurter Gruppe meso. *Entwurf zur Projektion auf der Oberfläche der Installation. Das Bild veranschaulicht die Vorgänge: Ein automatisches Verfahren entnimmt fünf Radiosendern kontinuierlich Ausschnitte und stellt sie als Bausteine zur Verfügung. Auf dem Radarschirm können die Fragmente von den Besuchern neu kombiniert werden.*

Wahrnehmungen verknüpfen. Die Zahl der aktiven Netze kann an der Zahl der »gleichzeitig« im Bewusstsein verfügbaren Informations-»Klumpen«, etwa Wörter, Zahlen u. s. w. gemessen werden; sie beträgt selten mehr als sieben und bildet gleichsam die Menge der Werkstücke, die wir auf dem »Arbeitsplatz Bewusstsein« höchstens unterbringen können. Im tiefen Schlaf sind die Netze inaktiv, wir sind »bewusstlos«. Träume scheinen dem »Aufräumen« in den Netzen zu dienen und nur an die, die wir beim Erwachen aus dem Halbschlaf haben, können wir uns erinnern. →**kreativität in spiel und kunst** Handeln und Denken sind, wenn die elementaren Lebensbedürfnisse befriedigt sind, nicht zu Ende. Mit beiden können freie Zeiträume ausgefüllt werden. So vertreiben wir uns die Zeit etwa mit Spielen. Viele Spiele haben Tradition und besitzen mehr oder weniger komplizierte logische Regeln. Beobachtet man Kinder beim Spielen, stellt man oft fest, dass – aus welchen Gründen auch immer – die Spielregeln verändert werden: das ist, denke ich, Kreativität, denn das Spiel wird (hoffentlich) interessanter oder es ist für den »Kreator« gewinnträchtiger. In unserer innovationssüchtigen Zeit werden immer neue Spiele erfunden und keineswegs nur Computerspiele. Sie spiegeln auch den Wandel unseres Denkens wider. In der Kunst spielen Innovation und Kreativität eine große Rolle. Ein Künstler kann alte Regeln und Schemata aufgeben, neue aufstellen und anwenden. Andere greifen das Neue auf und füllen es kreativ mit anderen Sujets aus: eine Mode entsteht. Hier fällt es gewiss schwer, scharfe Grenzen zwischen Innovation und »bloßer« Kreativität zu ziehen. Auch wird zu bedenken sein, dass bei aller Innovationskraft auch die Gewohnheiten – vor allem der »Kunstverbraucher« – berücksichtigt werden müssen. Neuronale Netze wehren sich trotz ihrer möglichen Flexibilität gegen zu heftige Veränderungen. Sie verweigern die richtigen Zuordnungen, mit der Folge großen Unbehagens, denn Lernen und Umlernen braucht seine Zeit. Bach hat zum Beispiel durch Ausschöpfen der Regeln des Kontrapunkts die Musik des Barock zum Höhepunkt geführt. Seine Kreativität wurde bei vielen seiner Werke durch Zahlen und Zahlenmystik angestoßen, wie bei anderen früher und später auch. Das Entscheidende aber ist das Annehmen oder Verwerfen des durch die Zahlen bestimmten Fortschreitens der Töne. Mozart hat im Geist sicher auch gewürfelt, was heißen soll, dass er verschiedene Möglichkeiten »durchspielte«. Die für den Künstler »richtigen« Entscheidungen, die Verknüpfungen von Ideen und beabsichtigter Wirkung durch die »geschulten« neuronalen Netze machen sein Genie aus. Für uns Nachvollziehende müssen seine Intuitionen wie Zufall erscheinen.

→künstliche »neuronale netze« Computer sind bereits in ihren Anfangstagen als »Elektronengehirne« bezeichnet worden. Ihre Stärke lag von Beginn an in der Geschwindigkeit, mit der sie logische Operationen ausführen konnten, weitaus schneller als der Mensch. Es war ein langer Weg, bis man erkannte, dass das menschliche Gehirn keine Logikmaschine ist, wenn es auch in der Lage ist, logische Operationen langsam durchzuführen: dies liegt an der Begrenztheit der jeweils im Bewusstsein verfügbaren Informations-»Klumpen«. Mit elektrischen Schaltungen und Computern ist es aber möglich, Modelle zu schaffen, um die »Wirklichkeit« wenigstens annähernd zu simulieren. Warum also nicht auch Modelle des Wahrnehmungsapparats und des Gehirns? Was lag näher, als die Neuronen mit den Elementen zu modellieren, die logische Operationen ausführten. Zu den ersten Modellen gehörten die Lernmatrizen, bei denen Zuordnungszellen Rezeptorzellen mit Ausgabezellen verbanden. Lernen fand statt, indem gleichzeitig an die Rezeptorzellen ein Eingangsmuster und an die Ausgabezellen das richtige Ausgabemuster gegeben wurde. Zuordnungszellen, bei denen die Werte der Muster übereinstimmten, wurde die Verknüpfungsinformation eingeprägt. Die Zuordnungsleistung dieser noch einfachen Modelle war begrenzt. Man glaubte sogar, dass es prinzipiell unmöglich sei, mit Netzen dieser Art Leistungen des Gehirns nachzubilden. Erst viele Jahre später gelang dies besser mit künstlichen Neuronen, die in mehreren Schichten angeordnet und wie im natürlichen Vorbild mit vielen »Synapsen« ausgestattet waren. Zugleich wurde die Stärke der Verknüpfungen automatisch so lange variiert, bis die Zuordnung zwischen Eingabe- und Ausgabemuster wie erwartet funktionierte. Künstliche Neuronale Netze sind nach entsprechendem Training in der Lage, Objekte zu klassifizieren oder die Bedeutung von Tatbeständen wie Bilder, Wörter oder Sätze, zu lernen. Sind sie aber deshalb kreativ? Sind es Computer, wenn sie derartige Netze als Programm enthalten? Es ist leicht möglich, sie so zu programmieren, dass sie, angestoßen von zufälligen Daten, »interessante« Bilder liefern, neue sinnvolle – was heißt sinnvoll? – Texte aber nicht. Nur der Künstler-Programmierer entscheidet, was »richtig« oder »sinnvoll« ist und nutzt dabei seine lebendigen Neuronennetze. Kreativ im richtigen Wortsinn können nur lebendige Wesen sein, weil sie leben und überleben wollen. Computer mit neuronalen Netzen enthalten kein Programm mit dem Willen zum Leben. Sie sind nur »sture« Maschinen! *Übersetzung von Gennaro Ghirardelli*

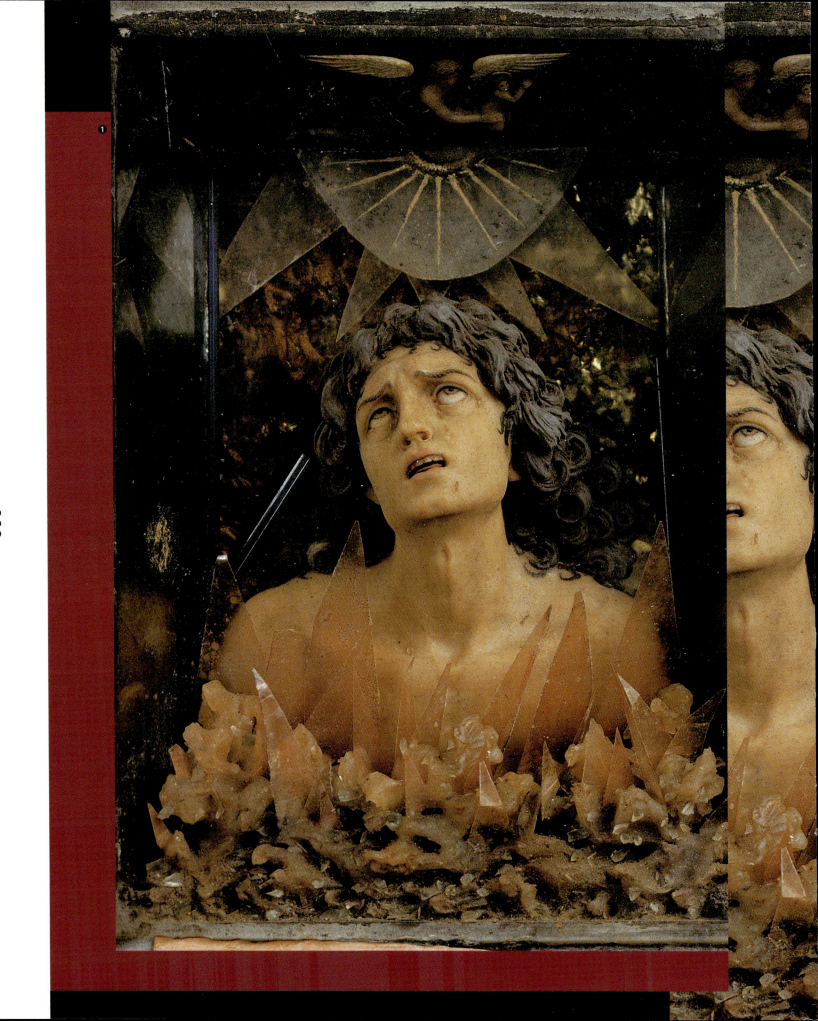

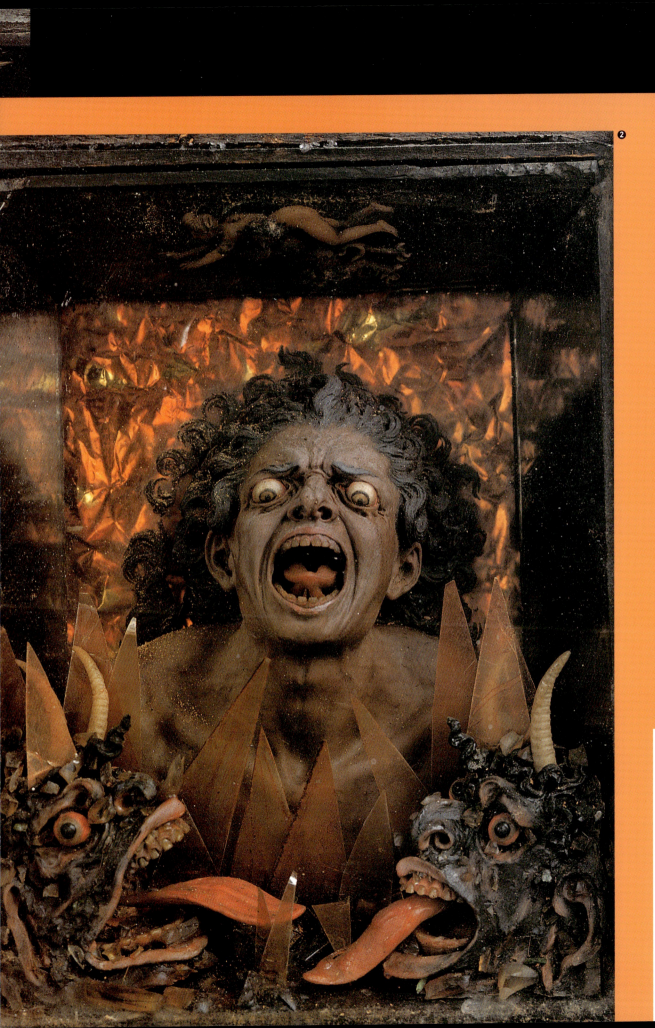

❶ 7/75 »Eine Seele im
Fegefeuer« ist das Pendant
zu »Eine Seele in der Hölle«.
*Wie dort setzt Zumbo alle
Material -und Farbeffekte zur
Steigerung des Gefühlsaus-
druck ein.* Florenz, Museo
degli Argenti

❷ 7/74 »Eine Seele in der
Hölle« (ca. 1690) von Gaetano
Zumbo *gehört zu einer Serie
von vier Wachsreliefs, einer
neuen Kunstform, die äußerst
effektheischend Malerei und
Skulptur verbindet und hier das
Bild der Höllenqualen in über-
steigerter Mimik ausdrückt,
zur moralischen Aufrüstung des
Beters.* Florenz, Museo degli
Argenti

le Ravissement

le

❶

❷

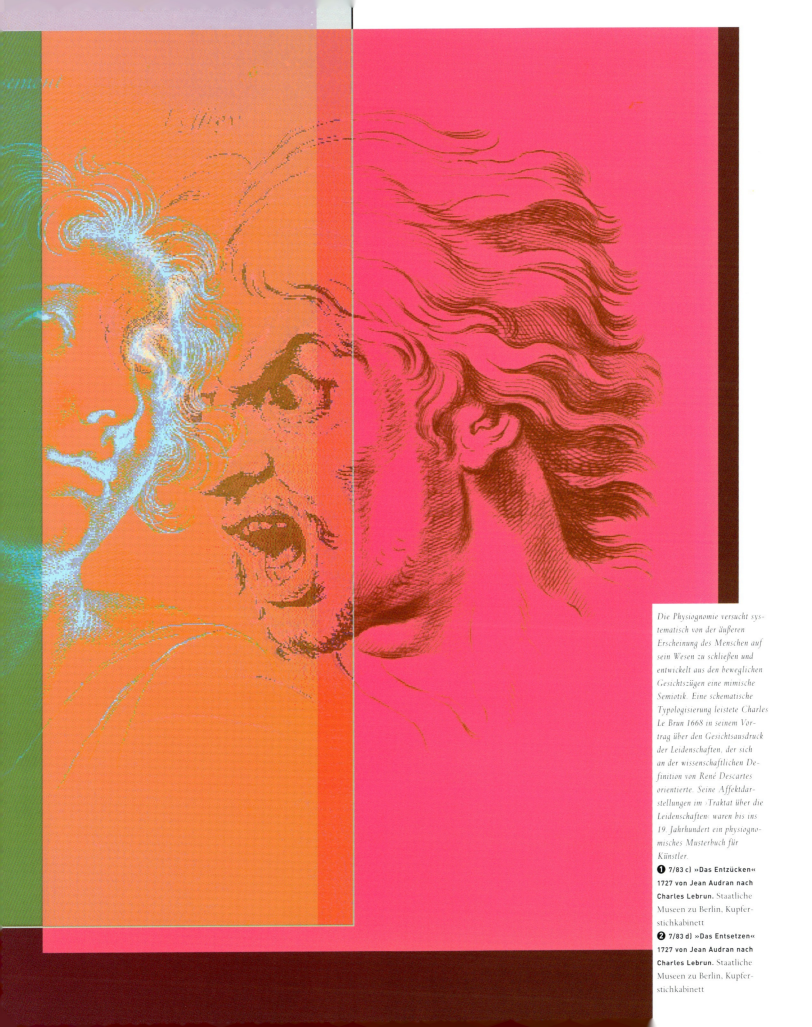

Die Physiognomie versucht systematisch von der äußeren Erscheinung des Menschen auf sein Wesen zu schließen und entwickelt aus den beweglichen Gesichtszügen eine mimische Semiotik. Eine schematische Typologisierung leistete Charles Le Brun 1668 in seinem Vortrag über den Gesichtsausdruck der Leidenschaften, der sich an der wissenschaftlichen Definition von René Descartes orientierte. Seine Affektdarstellungen im »Traktat über die Leidenschaften« waren bis ins 19. Jahrhundert ein physiognomisches Musterbuch für Künstler.

**❶ 7/83 c) »Das Entzücken«
1727 von Jean Audran nach
Charles Lebrun.** Staatliche
Museen zu Berlin, Kupfer-
stichkabinett

**❷ 7/83 d) »Das Entsetzen«
1727 von Jean Audran nach
Charles Lebrun.** Staatliche
Museen zu Berlin, Kupfer-
stichkabinett

①

③

④

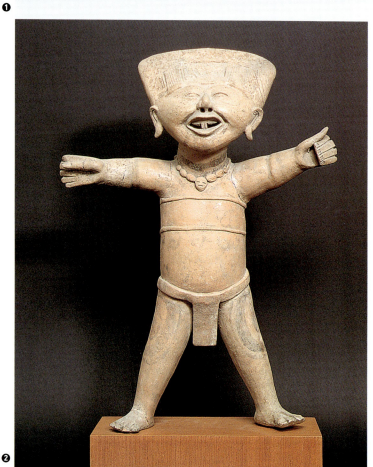

②

③ 7/82 Die »Tanzende Mänade« ist Teilnehmerin des Dionysosgefolges. *Das Raubtierfell und die weitausgreifenden Tanzbewegungen zeigen ihren Bezug zur wilden ungebändigten Natur. Das Bild im Spiegel der Schale ist dem Pedieus-Maler zugeschrieben.* heute verwahrt im Antikenmuseum der Staatlichen Museen zu Berlin

④ 7/84 »Die ursprüngliche Angst kann jeden Augenblick im Dasein erwachen«. *Die Bronzeinschrift auf dem Rahmen bezeichnet das Vage und Atavistische dieses Grundgefühls. Vom Grund des massiven Rahmens lässt Marie-Jo Lafontaine in ihrem Werk »Die Angst« das Foto eines geschnitzten Raubtierkopfes hervorscheinen.* Museum für Neue Kunst • ZKM Karlsruhe

⑤ 7/77 »Shiva Nataraja« ist die Erscheinung des Gottes Shiva als Herr des Tanzes, bei der er den wilden Tanz der Erschaffung und Zerstörung der Welt aufführt. *Als kosmischer Tänzer verkörpert er die Lebenskraft des Universums, die mit der permanenten Bewegung verbildlicht ist.* Staatliche Museen zu Berlin, Museum für Indische Kunst

① 7/80 Die kleine aztekische Tonfigur stellt offensichtlich einen Tänzer dar. *Die Arme abgewinkelt, das linke Bein hochgezogen, den Kopf weit zurückgelehnt und die Augen geschlossen – vielleicht in der Ekstase eines kultischen Tanzes.* Staatliche Museen zu Berlin, Ethnologisches Museum

② 7/79 Freudig lachende und lächelnde Figuren mit ausgestreckten Armen, wohl eine Tanzgebärde, sind charakteristisch für einen Typus von Tonfiguren aus Zentral-Veracruz in Südamerika. *Sie stehen vermutlich in Zusammenhang mit Tanz und Musik, überhaupt mit der Regeneration des Lebens.* Helsinki, Didrichsen Art Museum

❺

❻

❼

❻ 7/76 Das barocke Interesse an Drama und Affekt umfasste auch das Irresein. *Der Leidener Bildhauer Pieter Xavery zeigt mit großem Realismus »Zwei wahnsinnige Männer« (1673) im Zustand einer akuten Phase ihrer Krankheit, den Sitzenden manisch, den Liegenden schreiend in äußerster Erregung. Amsterdam, Rijksmuseum*

❼ 7/78 Der kleine anmutige »Tanzende Silen« aus der Zeit um 500/450 v. Chr. ist einer der halbtiergestaltigen Begleiter des Dionysos. *Madrid, Museo Archeologico Nacional*

—— MARGRET KAMPMEYER-KÄDING

Leidenschaft, schon das Wort enthält semantisch die ganze Spannweite einer seelischen Verfassung, die sich zwischen den Polen Lust und Schmerz bewegt. Antonin Artaud nannte sie »die Energie der existentiellen Erfahrung« und spürte ihr im Theater der Grausamkeit nach. Wer von der Leidenschaft ergriffen wird, scheint vernunftblind und wahrnehmungstaub gegen alles, was außerhalb der Ursache seines gegenwärtigen Zustandes liegt. ——Wie äußert sich Leidenschaft in unserer westlich-christlich geprägten Kultur, in der eine exaltierte Gebärdensprache mit dem Dégout der Unschicklichkeit belegt ist? In der eine beherrschte Haltung mit Kompetenz und Überlegenheit gleichgesetzt, gefühlsbetonter Habitus dagegen mit leichter Angreifbarkeit und Schwäche assoziiert wird – eher Künstlern und Frauen zugestanden? Denn Leidenschaft ist körperhaft, jede ist das Ergebnis von stereotypen körperlichen Reaktionen auf innere oder äußere Ereignisse; als Gestik und Mimik tritt sie nach außen. Dem Ideal der Selbstkontrolle und vernunftgesteuerten Beherrschung der Affekte, das in unserer Gesellschaft auf der Ebene öffentlicher Kommunikation, im Geschäfts- und Arbeitsalltag nachhaltig wirkt, steht nach Feierabend eine Freizeitgesellschaft gegenüber, die das Erlebnis ihrer selbst sucht. Sie ist dem anderen, entgegengesetzten Leitverhalten der Zeit, der »Coolness«, zwitterhaft verbunden. Im Zeitalter virtueller Kommunikation und platonischer Erlebnisräume taucht indes das Körperthema neu auf, und zwar nicht nur intellektuell, sondern als Körperkult, mit Extrem-»Sportarten« wie dem Bungeespringen sowie als Medien-Exhibitionismus in Events, Talkshows und Katastrophen-Journalismus. _____ Leidenschaftliches Erleben finden wir heute geballt im Kino, beim Sport und in der Jugendkultur. Das Kino liefert Modelle des Lebens in gefühlsverwandelnden Erzählungen. Der Sport schafft die Helden und Idole unserer Zeit wie auch die Bilder leidenschaftlichen Ausdrucks. Freudentaumel, Sieger in rauschhaftem Glück, fassungslose Verlierer, wir kennen sie vornehmlich von den Sportseiten der Zeitungen. Populäre Musik, zeit- und ortsungebunden, kennt derzeit mit Rap und HipHop einen betont körperhaften Stil, der wie zuvor schon Rock und Jazz schwarzamerikanischen Ursprungs ist, und Sprache und Rhythmus bereits originär für ihre Umsetzung in Bewegung anlegt. Aus gleichem Grunde boomen gegenwärtig außereuropäische Musik- und Tanzstile. Ihre unhierarchische Struktur, ihr vorwärtstreibender Rhythmus stehen im Gegensatz zur formorientierten europäischen Musik und einer Tanztradition, die die Körperschwere negiert. _____ Diese zeitgenössischen Spielarten leidenschaftlichen Erlebens lassen mit ihrem teils archaischen Charakter ein Handlungsschema erkennen, das sich bis zum mythischen Ursprung leidenschaftlichen Lebensentwurfs zieht. **»ICH FÜHLE MICH!** Im Naturreich des Dionysos liegen die Ursprünge nicht nur des europäischen Theaters – dem traditionellen Ort großer Gefühle, den es sich jetzt mit dem Kino teilt – sondern **ICH BIN!«** auch von rhythmischen Gesängen und Tanz. Diese Formen Herder, Zum Sinn des Gefühls (1769) entwickelten sich aus den Festen zu Ehren dieses Gottes, mit Tänzen, Festgesängen, Maskenspiel und rhythmisch gesprochenen Dialogen. Das elementare Ausdrucksmittel der Kulte war der Tanz, sein Aufführungsschauplatz der Kreis, der in Theater- und Sportarenen weiterlebt. Der Tanz ist das körperhafte Ausdrucksmittel des Menschen schlechthin in seiner

❶

❷

wildesten wie auch kultiviertesten Form, von der mänadischen Ekstase bis zum gebändigten Lebensreigen als Abbild der *Harmonia Mundi.* In ihm sind idealiter tribale Maskentänze mit dem Musenreigen verbunden, in den sich mühelos auch gegenwärtige ›ekstatische‹ Tanzformen einschließen lassen. _____ Der körpersprachlichen Dramatisierung von leidenschaftlichen Verhaltensmustern liegt ein unveränderlicher Kern zu Grunde, ein festes Repertoire von Mimik und Gestik. Es ist universal verständlich und möglicherweise – nach einigen mutigen Thesen von Forschern zur Gestik des Menschen – in unseren Genen als Information niedergelegt. Eine von der Kunst der Antike überlieferte Gebärdensprache der Affekte hat nachhaltig die Darstellung höchster Erregungsmomente geprägt. Neben diesen Pathosformeln war die Wiedergabe differenzierterer seelischer Regungen lange ein ungelöstes Problem, zu dessen Lösung erste Ansätze erst im 15. Jahrhundert gefunden wurden, als der Mensch ins Zentrum des Weltbildes rückte und er sich auch selbst betrachtete. Der große Universalist Leonardo da Vinci, der sich auch den Affektbewegungen des Menschen widmete, erörterte wegweisend den Zusammenhang von Seele und Körper von dessen Beweglichkeit und Ausdrucksfähigkeit her; sein Zeitgenosse Leon Battista Alberti, Architekt und humanistischer Gelehrter, kodifizierte die menschlichen Seelenregungen, ebenfalls auf der Grundlage von Körperbewegungen; deren Studium empfahl er in seinem Traktat *De pictura* (1435) allen Künstlern. Mit diesem Ansatz brachen Leonardo wie Alberti aus der Tradition der Physiognomien aus, einer Semiotik seelischer Zustände, die auf neuer Grundlage im 17. und 18. Jahrhundert wieder aufleben sollte als Leitfaden für Künstler – allerdings bald um den Preis zunehmender Systematisierung und Schematisierung. _____ Die Philosophie hat die affektive Seite des Menschen überwiegend gering geachtet. Ihr Interesse galt seit der Antike mehr der Vernunft, die den Menschen vom Tier unterscheidet und ihn als höheres Wesen auszeichnet. Hierin tauchte die Leidenschaft nur als Antipode der Vernunft und als zu Bezäh-

ROCK'N'ROLL ERREICHT DICH
OHNE DEN UMWEG ÜBER DAS GEHIRN

John Lennon

mende auf. Descartes wurde im Allgemeinen für die strikte Trennung von Gefühl und Verstand in der Moderne verantwortlich gemacht in rigider Auslegung seines Diktums »Ich denke, also bin ich«. In seiner Schrift *Die Leidenschaften der Seele* (1649) entwickelte er jedoch eine Ethik, die die Vernunft selbst als eine affektive Kraft anerkannte. In den letzten Jahrzehnten hat die Diskussion des Verhältnisses von Gefühl und Ratio von naturwissenschaftlicher Seite neue Nahrung erhalten. Man weiß inzwischen, dass die Gefühlszentrale des Menschen im limbischen System des Hirns sitzt, in jenem Teil, der stammesgeschichtlich älter ist als der ›vernunftbegabte‹ Cortex, und die maßgebliche Bewertungsinstanz von Wahrnehmungen ist. Diese Bewertung erleben wir als Gefühle. Sie ist die Grundlage für die ›Weiterverarbeitung‹ im Großhirn. Der Neurologe Antonio R. Damasio hat ferner durch klinische Beobachtung den Nachweis erbracht, dass ein Verlust des Gefühlszentrums die Orientierungslosigkeit der Urteilskraft zur Folge hat, Verstand ohne Emotion ziellos ins Leere läuft. Selbst die Bilder und Metaphern der Sprache, *dem Instrument kognitiver Fähigkeiten,* sind – nach den Studien der Linguisten George Lakoff und Mark Johnson – letzlich tief in Bildern des Körperlichen und vorsprachlicher Erfahrungen verankert. Die alte Frage nach dem Verhältnis von Vernunft und Gefühl stellt sich anders, wenn wir annehmen müssen, dass das Rationale fundamental im Körperlichen verwurzelt ist. Eine weitere drängt sich auf: Ist es angemessen, die Welt nur wissenschaftlich verstehen und deuten zu wollen?

❸

05_2) das gehirn und

die menschlichen emotionen_____ ANTONIO R. DAMASIO

Männer und Frauen aller Kulturen und aller Bildungsstufen haben Emotionen, sind von den Emotionen anderer Menschen betroffen und geben sich – von Kunst bis Sport – einer Fülle von Freizeitbeschäftigungen hin, die ihre Emotionen beeinflussen. Menschen aller Altersgruppen lassen sich in ihrer Lebensführung in beträchtlichem Umfang von dem Streben nach einer einzigen Emotion, Glück, lenken und dem Versuch, unangenehme Emotionen wie Trauer und Angst zu vermeiden. Emotionen sind kein Luxus. Im Guten wie im Bösen, wir können ohne sie nicht leben. _____ Auf den ersten Blick haftet den Emotionen

❶

❷

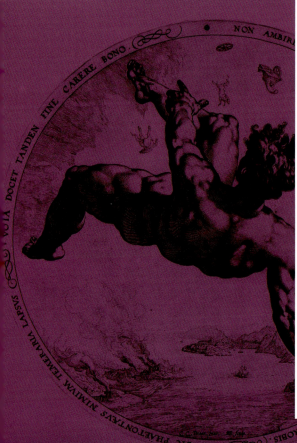

durchaus nichts einzigartig Menschliches an. Schließlich ist es allzu offenkundig, dass auch Tiere Emotionen kennen. Was jedoch den fundamentalen Unterschied ausmacht, ist die Art und Weise, wie Menschen Emotionen mit Prinzipien, komplexen Ideen und Werturteilen verknüpfen. Die Auffassung, dass menschliche Emotionen etwas Einzigartiges sind, beruht auf dieser besonderen Verknüpfung. Menschliche Emotionen drehen sich nicht nur um fleischliche Genüsse wie Nahrungsaufnahme und Fortpflanzung oder um die Angst vor Spinnen. Vielmehr geht es dabei auch um das Entsetzen angesichts der Leiden anderer oder um das Gefühl der Befriedigung, wenn die Gerechtigkeit siegt, um die Schönheit der Sprache und Gedanken in Shakespeares Theaterstücken, um das Rollenspiel Rembrandts in seinen Selbstbildnissen, um die Ausgewogenheit einer palladianischen Villa oder die Neuartigkeit der architektonischen Formen Frank Gehrys, um die Weltverdrossenheit in Dietrich Fischer-Dieskaus Stimme, wenn er Bachs *Ich habe genug* singt, um die Freude an Mozarts melodischen Kompositionen und um die Harmonie, die Einstein in der Form einer Gleichung suchte. _____ Emotionen sind ein beherrschender Faktor des menschlichen Lebens, und sie üben ihren Einfluss über die Gefühle aus. Durch die Gefühle, die nach innen gerichtet und etwas Persönliches sind, nehmen die Emotionen, die nach außen gerichtet und etwas Öffentliches sind, ersten Einfluss auf das Gehirn. Ihre nachhaltigste und tiefgreifendste Wirkung auf den Geist üben die Gefühle schließlich über das Bewusstsein aus. →was sind emotionen? _____ Der Begriff Emotion lässt für gewöhnlich an die sechs so genannten primären oder universalen Emotionen denken: Glück, Trauer, Furcht, Wut, Überraschung und Ekel. Es ist jedoch wichtig festzustellen, dass es noch viele andere Emotionen gibt. Scham, Eifersucht, Schuldgefühle oder Stolz sind ebenfalls Gefühlsregungen und sind als ›sekundäre‹ oder ›soziale Emotionen‹ bekannt. Dies gilt auch für Wohlbefinden und Unbehagen, Ruhe und Spannung, die ich als ›Hintergrundemotionen‹ bezeichnen möchte. Den Emotionen liegen vielfältige Abstufungen von Lust und Schmerz ebenso wie Triebe und Motivationen zugrunde. Lust und Schmerz, Triebe und Motivationen sind also wesentliche Komponenten der komplexen Verhaltensweisen, die wir Emotionen nennen. _____ Doch wie lassen sich Emotionen präziser, in der Sprache der Neurobiologie, beschreiben? Als Antwort auf diese Frage können wir sagen, dass Emotionen komplizierte Sammlungen chemischer und neuraler Reaktionen sind, die im Gehirn ausgelöst werden und spezifische Muster bilden. Ein Beispiel für eine chemische Reaktion ist die vom Gehirn veranlasste Ausschüttung eines Hormons wie Kortisol. Ein Beispiel für eine neurale Reaktion ist der vom Gehirn über Nervenbahnen ausgesandte Befehl, einen Muskel anzuspannen. Weiter können wir festhalten, dass sich die Strukturen des Gehirns, die Emotionen hervorrufen, auf wenige Hirnareale unterhalb der Großhirnrinde konzentrieren. Sie befinden sich vorwiegend im Hirnstamm, im Hypothalamus, im basalen Vorderhirn und im Mandelkern. Diese Hirnstrukturen gehören zu einer Gruppe von Hirnregionen, die den Zustand des Körpers nicht nur abbilden, sondern die auch dazu beitragen, ihn zu steuern. Alle diese Hirnstrukturen werden mit dem Eintritt einer entsprechenden Situation automatisch aktiviert, ohne dass ein bewusstes Nachdenken erforderlich ist. _____ Fassen wir kurz zusammen: Sobald in einer typischen Situation ein Reiz erkannt wird, der fähig ist, Emotionen auszulösen, senden bestimmte Regionen des Gehirns Befehle an andere Hirnregionen und an verschiedene

Körperteile aus. Die Befehle werden dabei auf zweierlei Weise übertragen. Zum einen über den Blutstrom. In diesem Fall werden die Befehle in der Form chemischer Moleküle (zum Beispiel Hormone) verschickt, die auf Rezeptoren in den Zellen wirken, aus denen sich das Körpergewebe zusammensetzt. Im anderen Fall findet die Übertragung über die Nervenbahnen statt. Hier bestehen die Befehle aus elektrochemischen Signalen, die zum Beispiel auf Muskelfasern oder Organe wie die Nebenniere wirken. Die Organe werden dadurch in die Lage versetzt, eigene chemische Substanzen, wie zum Beispiel das Adrenalin, in den Blutkreislauf auszuschütten. →der körper als hauptschauplatz der emotionen Die oben beschriebenen chemischen und neuralen Befehle bewirken einen tiefgreifenden Wandel im Zustand eines Organismus. Die Organe verändern sich infolge der Befehle, die sie empfangen. So bewegen sich die Muskeln genau in der vorgeschriebenen Weise, ob es sich nun um die glatten Muskeln der Blutgefäße oder die gestreiften Muskeln im Gesicht handelt. Doch auch das Gehirn selbst verändert sich. Die Ausschüttung chemischer Substanzen wie etwa von Monoaminen oder Peptiden durch bestimmte Regionen des Hirnstamms verändert die Verarbeitungsprozesse zahlreicher anderer Schaltkreise im Gehirn und löst dadurch bestimmte Verhaltensweisen aus. Spielen und Weinen sind Beispiele für solche spezifischen Verhaltensmuster. Die Freisetzung chemischer Substanzen verändert aber auch die Art und Weise, wie der Körper im Gehirn abgebildet wird. Mit anderen Worten, sowohl das Gehirn als auch der Körper erfahren durch die Befehle tiefgreifende Veränderungen, obwohl diese Befehle ihren Ursprung in einem relativ kleinen Hirnareal haben, das auf ein bestimmtes mentales Ereignis reagiert. _____ Alle Emotionen benutzen also den Körper als ihren Schauplatz, zum Beispiel seine inneren chemischen Prozesse, seine Organe und seine Muskeln. Aber Emotionen beeinflussen auch die Funktionsweise zahlreicher Schaltkreise im Gehirn. Die Vielfalt der emotionalen Reaktionen ist verantwortlich für tiefgreifende Veränderungen der körperlichen wie auch der mentalen Landschaft. Wenn das Gehirn ein koordiniertes Abbild all dieser Veränderungen erzeugt, verspüren wir schließlich eine Emotion. →wie haben sich die emotionen entwickelt? Bildung und Kultur verändern den Ausdruck von Emotionen und verleihen den Emotionen neue Bedeutungen. Dennoch sind Emotionen biologisch gewachsene Prozesse, die von Hirnstrukturen abhängen, die bereits bei der Geburt vorhanden sind. Obwohl sich die genaue Zusammensetzung und Dynamik der emotionalen Reaktionen eines jeden Individuums in einem einzigartigen Entwicklungsprozess in einem jeweils einmaligen Umfeld ausbilden, deutet alles darauf hin, dass die meisten, wenn nicht gar alle emotionalen Reaktionen das Ergebnis eines langen evolutionären Prozesses sind. Emotionen sind Teil der Regulationsmechanismen, mit denen wir von Geburt ausgestattet sind, um überleben zu können, und diese Mechanismen haben sich im Laufe der Evolution ausgeprägt. Dies ist auch der Grund, warum Emotionen in verschiedenen Teilen der Welt und über verschiedene Kulturen hinweg so leicht zu erkennen sind. Zwar gibt es verschiedene emotionale Ausdrucksweisen und auch Unterschiede hinsichtlich der genauen Reizmuster, die eine Emotion bei verschiedenen Individuen in verschiedenen Kulturen auslösen können, doch das Erstaunliche sind die Übereinstimmungen, nicht die Unterschiede. Es sind genau diese Übereinstimmungen, die kulturübergreifende Beziehungen und ein grenzüberschreitendes Verständnis von Kunst und Literatur, Musik und Film

Fra ferox, ratione carens, stimulata furore,
Quodlibet aggredior feruida atrox nefas.

ermöglichen. Abschließend lässt sich also sagen, dass Emotionen nicht etwas Erlerntes sind. Man kann Emotionen nicht lehren, auch wenn man jemandem durchaus beibringen kann, wie man mit ihnen zum größtmöglichen persönlichen und sozialen Nutzen umgeht. →die biologische funktion der emotionen Alle Emotionen erfüllen in gewisser Weise regulatorische Aufgaben, indem sie eine Art Verhaltenskorrektur vornehmen. Diese Korrektur trägt zur Schaffung von Umständen bei, die für das Individuum, das die Emotion zeigt, vorteilhaft sind. Emotionen betreffen das Leben eines Organismus, bzw. genauer gesagt, seinen Körper, und die Aufgabe der Emotionen besteht darin, dem Organismus zu helfen, diesen Körper am Leben zu erhalten. _____ Die biologische Funktion von Emotionen ist dabei zweifacher Natur. Sie besteht zum einen in der Erzeugung einer spezifischen Reaktion auf das, was die Emotion auslöst. So wird ein Tier, das mit einem bedrohlichen Reiz konfrontiert ist, entweder weglaufen, bewegungslos verharren oder selbst angreifen. Angesichts eines potenziell vorteilhaften Reizes – der Aussicht auf Nahrung oder einen möglichen Paarungspartner – wird die Reaktion vielleicht darin bestehen, Annäherungsverhalten zu zeigen. Die Reaktionen beim Menschen sind prinzipiell dieselben, sie werden nur durch Verstand und Erfahrung abgeschwächt. Zum anderen besteht die biologische Funktion der Emotion darin, den inneren Zustand des Organismus auf eine bestimmte Reaktion vorzubereiten. Ein Beispiel für eine solche Vorbereitung ist die verstärkte Blutversorgung der Beinmuskeln, um sie durch die vermehrte Zufuhr von Sauerstoff und Glukose in Laufbereitschaft zu versetzen. _____ Der emotionsauslösende Reiz kann übrigens seinen Ursprung sowohl außerhalb als auch innerhalb des Organismus haben – etwa, wenn man ein vertrautes Gesicht oder einen bekannten Ort erblickt, oder wenn man sich an das Gesicht eines Freundes oder an einen Ort, den man gerne besucht hat, erinnert. Kurz gesagt, für bestimmte Arten gefährlicher oder nützlicher Reize haben sich die Emotionen im Laufe der Evolution als Reaktionen ausgebildet, die genau auf die Reize abgestimmt sind. _____ Es gibt gewisse Arten von Gegenständen und Ereignissen, die eher mit einer bestimmten Art von Emotion verknüpft sind als mit anderen. Die Reize, die etwa Glück, Furcht oder Trauer auslösen, rufen diese Gefühle in der Regel ganz zuverlässig bei einem bestimmten Menschen oder allgemein bei allen Menschen mit ähnlichem kulturellem Hintergrund hervor. Trotz der Fülle individueller Variationsmöglichkeiten beim Ausdruck einer Emotion und trotz der Tatsache, dass wir gemischte Emotionen haben können, herrscht eine starke Übereinstimmung zwischen den emotionsauslösenden Reizen und dem resultierenden emotionalen Zustand. Im Laufe der Evolution haben wir die Fähigkeit erworben, auf potenziell nützliche oder potenziell gefährliche Reize mit einer Reihe von Verhaltensmustern zu reagieren, die wir heute als Emotionen bezeichnen. →die emotionalen mechanismen Manche emotionalen Reaktionen sind äußerlich deutlich zu erkennen. Beispiele dafür gibt es in Hülle und Fülle: die Gesichtsmuskeln, die den für Freude oder Sorge typischen Ausdruck annehmen; das Erblassen der Haut als Reaktion auf eine schlechte Nachricht; die Körperhaltungen, die Trotz oder Entmutigung signalisieren; die vor Besorgnis schweißnassen Hände etc. Andere emotionale Reaktionen spielen sich für das Auge unsichtbar ab, etwa die Ausschüttung von Neurotransmittern wie Norepinephrin, Serotonin oder Dopamin. Unter dem Einfluss von Emotionen setzen bestimmte Nervenzellen diese chemischen Substanzen in verschiedenen Regionen des Gehirns frei und verändern so vorübergehend die Art und Weise, wie die Schaltkreise im Gehirn funktionieren. Zu den typischen Folgen einer solch verstärkten oder verringerten Ausschüttung von Transmittern gehört das Gefühl einer Beschleunigung oder Verlangsamung der mentalen Prozesse und natürlich das Gefühl von Wohlbehagen oder Unbehagen, das unser gesamtes geistiges Erleben durchdringt. Diese mentalen Veränderungen wahrzunehmen, ist Teil unserer Empfindung von Emotionen. →wozu dienen gefühle Menschen haben nicht nur Emotionen, sondern auch Gefühle von Emotionen. Wozu dienen die Gefühle? Man könnte die Auffassung vertreten, dass Emotionen auch ohne Gefühle ausreichen sollten, um bei der Bewahrung des Lebens eine nützliche Rolle zu spielen. Aber dies ist nicht zutreffend. Für das Überleben ist es von großer Bedeutung, Emotionen und Gefühle zu haben. Über die Auswirkungen der Emotionen hinaus machen Gefühle den Organismus auf das Problem aufmerksam, das eine Emotion in Angriff genommen hat. Anders ausgedrückt, der Vorgang des Fühlens gibt dem Organismus einen *Anreiz*, die Wirkung von Emotionen zu beachten. Darüber hinaus ist das Vorhandensein von Gefühlen die Grundlage eines weiteren biologischen Entwicklungsschritts: *der Wahrnehmung, dass wir Gefühle haben.* Diese Wahrnehmung von Gefühlen wiederum ist die Grundlage für unsere Fähigkeit, Pläne zu machen und Reaktionen zu entwerfen, die wirklich ein Ausdruck unserer Persönlichkeit und nicht notwendigerweise von unseren Genen vorgegeben sind. Diese Reaktionen können eine Emotion entweder ergänzen oder sie stellen sicher, dass die unmittelbaren Vorteile einer Emotion auch künftig erhalten bleiben. Mit anderen Worten, die Fähigkeit, Gefühle wahrzunehmen erweitert den Einflussbereich der Emotionen, indem die Ausbildung neuartiger und individueller Reaktionsformen erleichtert wird. →emotion, gefühl und bewusstsein Die Fähigkeit, ein Gefühl wahrzunehmen, setzt ein Subjekt mit Wahrnehmungsvermögen voraus. Wenn wir zu ergründen versuchen, warum das Bewusstsein eine Eigenschaft ist, die sich über die Evolution erhalten hat, liegt es nahe anzunehmen, dass es deshalb erhalten blieb, weil bewusste Organismen in der Lage waren, ihre Gefühle »zu spüren«. Mit anderen Worten, die Mechanismen, die Bewusstsein ermöglichen, haben sich vielleicht deshalb erhalten, weil sie Organismen in die Lage versetzten, ihre Emotionen wahrzunehmen, und sich diese Wahrnehmung möglicherweise als nützlich für ihr Überleben erwies. Und obwohl das Bewusstsein vielleicht primär deshalb erhalten blieb, weil es nützlich war, Emotionen wahrzunehmen, führte Bewusstsein schließlich dazu, dass wir nicht nur unsere Emotionen wahrnahmen, sondern das gesamte Spektrum von Objekten und Ereignissen, die im Gehirn abgebildet werden können. ——— Wenn diese Verhaltensweisen im Gehirn abgebildet werden, bezeichnen wir sie als Gefühle. Und Individuen mit Bewusstsein sind fähig, sich dieser Gefühle bewusst zu sein, das heißt, wahrzunehmen, dass sie fühlen. *Übersetzung von Doris Gerstner*

❶ 7/71 Das in äußerstem Schmerz verzerrte Gesicht des »Laokoon« ist, wie die ganze Gestaltung der antiken Skulpturengruppe »Laokoon mit seinen Söhnen«, die sich heute in den Vatikanischen Museen in Rom befindet, zum Vorbild und Inbegriff des Ausdrucks starker Emotionen geworden und wurde seit ihrer Auffindung im Jahre 1506 vielfach kopiert und abgegossen. Staatliche Museen zu Berlin, Antikensammlung
❷ 7/73 Der drastische Realismus von Andreas Schlüters »Kopf eines sterbenden Kriegers« ist wohl darauf zurückzuführen, dass er nach Studien von Trophäen aus den Türkenkriegen entstanden ist. *Dieses Gipsmodell ist im 19. Jahrhundert vermutlich als Studienmodell nach einer Maske für die Originalskulptur entstanden.* Berlin, Stiftung Archiv der Akademie der Künste, Kunstsammlung

❶

❷

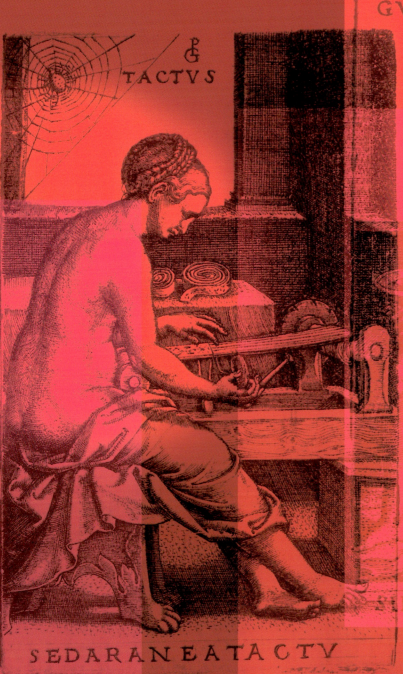

TACTVS

GVSTVS

SEDARANEATACTV

TRVXAPERAV

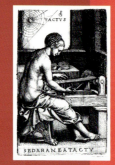

7/88 Allegorische Darstellungen der fünf Sinne sind seit dem Mittelalter bekannt und stehen dort als moralische Warnung vor der Hingabe an sinnliche Genüsse. *Die Stichserie von Georg Pencz von 1544 gehört zu den frühesten als Serie angelegten Darstellungen.* Staatliche Museen zu Berlin, Kupferstichkabinett

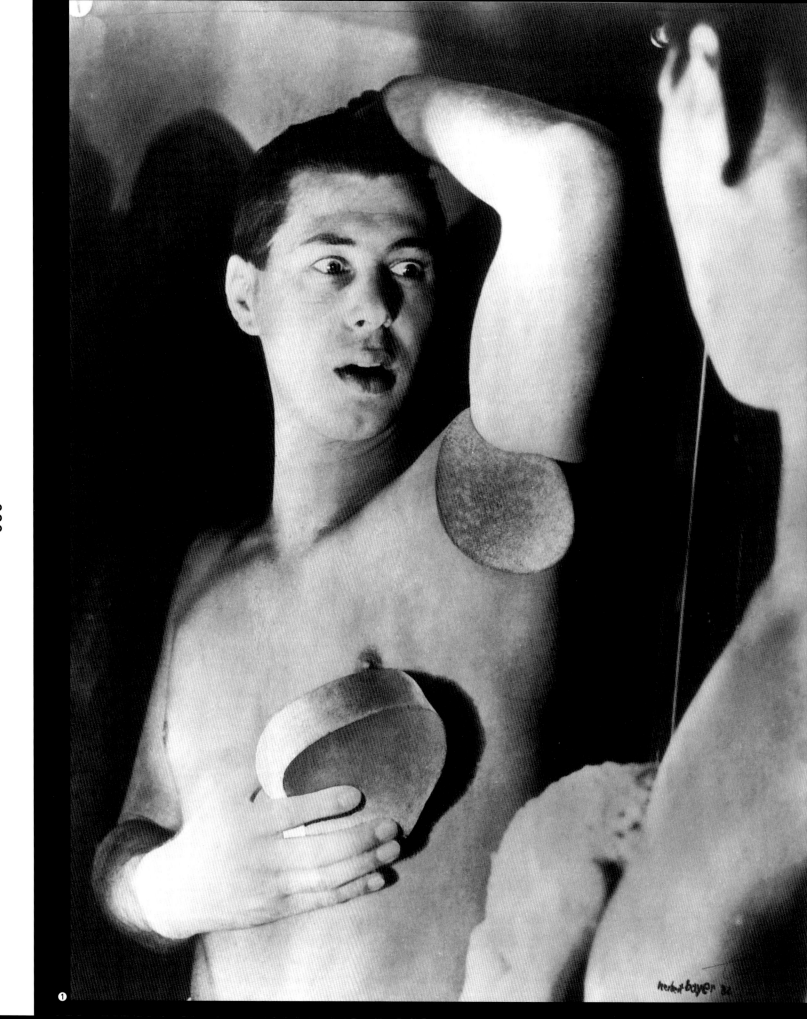

❶ Das Erschrecken des jungen Mannes angesichts seiner herausgenommenen Achselhöhle ist im »Selbstporträt« (1932) von Herbert Bayer durch das grelle Licht hyperreal gesteigert. *Man könnte in dieser Fotomontage auch das Entsetzen über den möglichen Verlust der physischen Aura sehen, eines zentralen Teils des Selbst.* Berlin, Bauhaus-Archiv **❷** Jean Auguste Dominique Ingres hat die berühmte »Schaumgeborene Venus« (1808 und 1848) in einer das Begehren weckenden Haltung gemalt. *Die gleiche Pose mit dem erhobenen Arm, welche die Achselhöhle, das Zentrum körpereigener Lockstoffe, entblößt, findet sich bei auffallend vielen der hingelagerten Odalisken oder hochgereckten nackten Frauen.* Chantilly, Musée Condé

❶ 7/92 **Das Werk »Die fünf Sinne« (um 1600) des Niederländers Ludovico Finson gilt als erste Gemäldefassung dieses Themas.** *Die einzelnen Sinne werden durch Gegenstände symbolisiert, in der Mitte das Gefühl als sich umarmendes Paar. Durch die zeitgenössisch-alltägliche Darstellung ist die fröhliche Gesellschaft ein wichtiges Bindeglied zwischen grafischen Sinnesallegorien des 16. und symbolischen Alltagsszenen des 17. Jahrhunderts.* Braunschweig, Herzog Anton Ulrich- Museum

❷ 7/93 **»Vor der Küche« ist ein Gemeinschaftswerk von David Teniers d. J., Nicolaes van Veerendael und Carstian Luyckx.** *Darstellungen der Sinne und der Gegenstände, durch die sie angesprochen werden, sind kaum zu trennen, insbesondere im Stilleben nicht. Die herausgearbeiteten stofflichen Qualitäten scheinen die konträren Bereiche der Küche und des Blumenstilllebens davor geradezu riechbar zu machen.* Dresden, Gemäldegalerie Alte Meister, Staatliche Kunstsammlungen Dresden

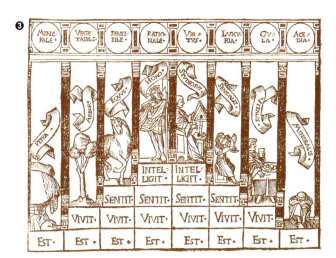

❸ 7/89 Die Ordnung der Welt illustriert Carolus Bovillus in seinem 1509 herausgegebenen ›Liber de Sapiente‹ (Buch der Weisheit) mit einer Stufenleiter von Sein, Leben, Fühlen und Verstehen. *Die Sinne sind der Stufe des ›Lebens‹ zugewiesen, bezeichnet mit dem Genussmenschen bei Tisch, der dem Pflanzenreich entspricht. Darüber ist das Gefühl mit dem Schönheitssinn und der Lebendigkeit der Tiere angeordnet. Den Gipfel nimmt der Mensch als Erkennender und Gelehrter ein.* Paris, Bibliothèque nationale de France

——— MARGRET KAMPMEYER-KÄDING

Der Geruchssinn ist der subjektive Sinn schlechthin, der die Ratio unterläuft, anarchisch eigene Urteile fällt und, mit ungewöhnlich langem Gedächtnis ausgestattet, scheinbar willkürlich vergangene Welten heraufruft. Er ist deshalb eng mit der Einbildungskraft liiert und, wie sich zusehends mehr herausstellt, ein wesentliches Agens der Körperkommunikation. _____ Der Geruchssinn hat Konjunktur, unserem optischen Zeitalter zum

»DREI DINGE HABE ICH IN DIESER WELT GELIEBT: DIE WOHLGERÜCHE, DIE FRAUEN UND DAS GEBET«
Ibn al-Arabi (1165–1240)
arabischer Theosoph

Trotz. In den letzten Jahren haben sich die Meldungen über neue Entdeckungen zum olfaktorischen Sinn und seiner Anatomie überschlagen. Unser Wohlbefinden wird in Kaufhäusern, Büros und anderen öffentlichen Räumen durch Beduftungen herbeigeführt, und schließlich wird emsig an der Entwicklung von künstlichen Nasen gearbeitet, die zuverlässiger als andere Messmethoden feinste Moleküle aufspüren sollen. Steht eine Revision unseres lang verkannten Geruchssinnes an? _____ Im okzidentalen Kulturkreis gilt eine Hierarchie der Sinnesorgane, die seit der griechischen Antike Gültigkeit hat und bis auf Ausnahmen – wie das sensualistische 18. Jahrhundert – bis heute tradiert wird. Sie stellt das Auge an die Spitze der Pyramide. Den Distanzsinnen Sehen und Hören wird oberste Priorität zuerkannt, die anderen werden als Nahsinne geringer geschätzt. Die Messlatte hierfür ist der objektive Erkenntniswert. Für Platon galt es, die Welt über die Vernunft zu erkennen, Descartes bekräftigte in der Neuzeit die intellektuelle Gestalt der Wahrheit. In diesem idealistischen Konzept repräsentieren die »unteren« Sinne eine niedrige Stufe der Wahrnehmung, die, unfähig zur Transzendierung, lediglich unmittelbare sinnliche Erfahrungen bieten. Die idealistische Abneigung gegen die Nahsinne erklärt sich aus den eher subjektiven denn objektiven Urteilen, die sie über die Welt liefern. Mehr noch, in ihnen ist das evolutionäre Erbe des Menschen, die Gemeinsamkeit mit der Tierwelt, allzu deutlich. Freud war der Meinung, der Geruchssinn sei beim Menschen, da mit dem aufrechten Gang nicht mehr benötigt, nunmehr von geringer Bedeutung. Ein Irrtum. Der Geruchssinn regiert uns mehr als uns bewusst ist, auf eine eigenwillige und unvorhersehbare Art. Biologisch übertönt er rationales Urteilsstreben, denn die Geruchswahrnehmung steht in unmittelbarer Beziehung zum Gefühlszentrum des Hirns, dem limbischen System. Alle Geruchswahrnehmungen werden direkt dorthin geleitet – ohne den Umweg über den Cortex, den der »intellektuelle« Sehsinn geht. Daher die enge Kopplung mit dem emotionalen Gedächtnis. Von geradezu intimer Bedeutung ist die Sache mit den Lockstoffen. Sexuallockstoffe oder Pheromone, die im Tierreich die Partnerwahl regeln, sind auch beim Menschen nachgewiesen. Zwar behauptet der Volksmund seit je eine Verbindung von Nase und Geschlechtlichkeit, auch die Antike hat dies angenommen, doch blieb die Vorstellung vage. Denn noch Wilhelm Fließ (1858 - 1928), der Berliner Hals - Nasen - Ohrenarzt, macht den mit ihm befreundeten Freud auf die »höchst merkwürdige Beziehung der Nasenmuscheln zu den weiblichen Sexualorganen« aufmerksam. In den letzten Jahren sind nun einige Stoffe mit pheromonartiger Wirkung entdeckt worden, die diese Beziehung konkreter fassen und nahelegen, dass auch der Mensch diesen Stoffen erliegt. Erstmals wurde auch das vomeronasale oder Jacobson-Organ, das bisher beim Menschen als nutzloses evolutionäres Relikt angesehen wurde, unter dem Rasterelektronenmikroskop als mögliches Sinnesorgan erkannt; vermutlich ist es jener sechste Sinn, der auf Pheromone anspricht. Volkstümliche Bräuche verraten eine alte Kenntnis dieser Zusammenhänge, wie das Kavalierstüchlein am Anzug des Tänzers, das

Warum schnüffelt die Sau nach Trüffeln? Es ist ein Sexuallockstoff des Ebers, ein Pheromon, das die Pilze enthalten und das die Sau mit dem vomeronasalen Organ wahrnimmt. Dieses Sinnesorgan ist bei den Säugetieren unentbehrlich für die Reaktion auf Pheromone und das Paarungsverhalten. Bei den meisten Menschen ist dieses Organ beidseits vorn an der Nasenscheidewand als winziger Blindschlauch vorhanden, getrennt vom Riechorgan. _____ Die Berliner Wissenschaftler Volker Jahnke und Hans-Joachim Merker haben das vomeronasale Organ mit dem Elektronenmikroskop untersucht und seine komplizierte, im menschlichen Körper einzigartige Struktur beschrieben. Die Befunde sprechen dafür, dass es auch beim Menschen funktionsfähig ist und als möglicherweise sechstes Sinnesorgan alle Voraussetzungen für die Aufnahme von Pheromonen besitzt. _____ Das Wissen über menschliche Pheromone ist noch ungenügend. Sie sind vor allem im Schweiß der Achselhöhle vorhanden, die eine symbolische erotische Attraktivität hat, wie zahlreiche Kunstwerke aus verschiedenen Epochen zeigen. Man nimmt an, dass die meist geruchlosen Pheromone als chemische Botenstoffe unbewusst übermittelt und aufgenommen werden. Wahrscheinlich können sie über Sympathie und Ablehnung mitentscheiden, hormonelle Reaktionen wie den Menstruationszyklus beeinflussen, aber nicht Verhaltensweisen steuern. Die vermuteten zentralen Verbindungen des menschlichen vomeronasalen Organs zum Hypothalamus, der zentralen Schaltstelle im Gehirn für hormonelle Vorgänge, sind zwar bisher nur beim Embryo dokumentiert, doch sind die derzeit laufenden Studien zum objektiven Nachweis einer Hirnreaktion auf Pheromone noch nicht beendet.

06_2) der sechste sinn

oder die erotik
der achselhöhle _____ VOLKER JAHNKE

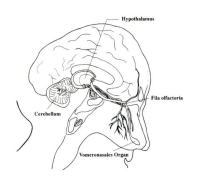

just in Nasenhöhe der Dame prangte und zuvor kurzunter der Achselhöhle des Mannes parfümiert wurde. _____ Auf noch andere Weise geht unser sexuelles und soziales Verhalten, Partnerwahl, Sympathieneigungen und Antipathien, über das Riechorgan: Es nimmt die Ähnlichkeit unserer MHC-Gene wahr, die auf jeder Körperzelle dem Immunsystem zeigen, dass sie nicht bekämpft werden müssen. In ausgeklügelten Riechtests stellte sich heraus, dass wir familiäre Vertrautheit und Nähe bei Menschen fühlen, die ähnliche MHC-Strukturen wie wir haben, sexuell attraktiv dagegen Partner erleben, deren MHC-Muster sich möglichst stark vom unsrigen unterscheidet. Biologisch ist dies sinnvoll, um die Diversität der Gene zu gewährleisten. Begrüßungsrituale wie der Wangenkuss oder das Nasenreiben der Inui und Maori stellen sich in diesem Licht als erste Erkundungen über die Geruchssphäre des anderen dar. Die individuelle Gestalt unseres Geruchssinns und damit olfaktorische Vorlieben prägen sich bereits in den ersten Jahren menschlicher Erfahrung, und zwar fürs Leben: Vertraute Gerüche werden generell von fremden unterschieden, Gerüche der eigenen Kultur von denen anderer. _____ Bedenkt man, dass *Homo sapiens* wortgeschichtlich ein »Riechender« – gleichbedeutend mit »Wissender« – ist, wie Albert Wesselski ausführlich dargelegt hat, ist die elementare Bedeutung des Geruchssinnes für unsere Wahrnehmung offen-

»MEIN GENIE IST IN MEINEN NÜSTERN«
Friedrich Nietzsche, Ecce Homo, 1769

kundig. Eine religiöse und kulturelle Entsprechung findet sich im Bild des Odems, den Jahve dem ersten Menschen durch die Nase blies, oder der Zuordnung der Nase zum Lebenshauch in den indischen Upanischaden, jenen philosophisch-theologischen Abhandlungen über den Ursprung der Welt und den Kreislauf des Lebens. _____ An der Sprache lässt sich ablesen, dass der Riechsinn ursprünglich im wahrsten Sinne Orientierung in der Außen- und emotionale Stimulanzien für die Innenwelt bot: innerer und äußerer Kosmos, die Wohlgerüche des Himmels und der Heiligkeit, der Schwefelgestank von Hölle und Teufel, höchstes Glück, Krankheit und Tod, sie alle sind duftmetaphorisch benannt. _____ Der Riechsinn steht ebenfalls am Beginn früher Kulturen, mit Rauchopfern aus wohlriechenden Hölzern. Auch Salben, Öle und Balsame dienten zuallererst der Verehrung von Göttern wie der Huldigung des Herrschers. Erst Arabien, in der Antike als Land der Sinnenfreuden und betörenden Düfte gerühmt, hat eine ausgesprochene Genusskultur entwickelt, in der die Wohlgerüche hochgeschätzt und höchst verfeinert sind. _____ Der Duft eines jeden Menschen ist einzigartig und macht ihn, fast wie der Fingerabdruck, identifizierbar, wäre nicht die naturgegebene Flüchtigkeit der Gerüche. Weder greifbar noch sichtbar, entziehen sie sich jeder Konservierung und Objektivierung. Patrick Süskind lässt

❶ 7/94 Der menschliche Kopf mit Tiermaske aus Ton und Bemalung mit Teer *steht in der Tradition uralter Vorstellungen der Verwandlung, die in allen Mythologien zu finden sind; es ist eine Maskierung, die auch die Geruchsaura und -atmosphäre des Tieres einbezieht. Zweck und Bedeutung dieser sehr fein gearbeiteten Figur sind nicht geklärt. Mittelamerikanische Golfküste, klassische Periode. Staatliche Museen zu Berlin, Ethnologisches Museum*

seinen Romanhelden Grenouille in ›Das Parfum‹ fast den Verstand verlieren bei dem besessen verfolgten Versuch, den Duft jungfräulicher Mädchen festzuhalten. Ein unmögliches Unterfangen. Real wurde es durchaus versucht. Mit Duftdepots, nicht von Jungfrauen, sondern von Kriminellen und Oppositionellen, die sich der Staatssicherheitsdienst der ehemaligen DDR zulegte: systematisch in Konserven verwahrt zur potenziellen Nutzung für Spürhunde. Über die Verfallsdauer ist nichts bekannt. _____ Flüchtigkeit ist sowohl Schwäche wie Stärke des Duftes und seines Sinnes. Geruch ist so ephemer wie die Emotionen, die er wachruft. Ist das Großhirn der Speicher unseres Wissens, so der Geruchssinn der Hüter des geheimen Archivs unserer Gefühle, und genauso subjektiv wie diese.

❶

❶

Schon den antiken und altorientalischen Kulturen galt Weihrauch als Kostbarkeit und war unentbehrlich bei religiösen Riten. »Santar« (Göttlichmacher) wurde er im Alten Ägypten genannt und sollte über den Wohlgeruch die göttliche Sphäre erreichen: Duft und Atem, Wohlgeruch und Leben waren göttliche Eigenschaften. Durch die exzessive Verwendung im römischen Kaiserkult lehnte das Christentum Weihrauch zunächst ab, seit dem 4. Jahrhundert n. Chr. ist er jedoch gebräuchlich.

❶ **7/99 Nefertem, der ägyptische Gott des Wohlgeruchs als kleine Bronzestatuette.** Wella AG, Darmstadt

❷ **7/106 Spätromanischer Weihrauchbehälter aus Bronze.** Hamburg, Museum für Kunst und Gewerbe

❷

❸ **7/112/101 Die reiche Verwendung von Salben, Ölen, Parfüms und Kosmetika** in Ägypten ist uns durch eine Vielzahl kleiner Tiegel und Dosen überliefert, wie dieser gläserne Miniaturnapf aus dem 9. bis 11. Jahrhundert, und das Holzkästchen mit den seltenen Fayence-Gefäßen aus der 18. Dynastie (15. Jahrhundert v. Chr.). Staatliche Museen zu Berlin, Museum für Islamische Kunst und Ägyptisches Museum

❹ **7/109 Viereckige Glasflasche mit Blumendekor aus** der gleichen Zeit. Staatliche Museen zu Berlin, Museum für Islamische Kunst

❺ **7/100 Hellenistisches Balsamarium (Salbölgefäß) aus Terrakotta in Form eines menschlichen Kopfes.** Wella AG, Darmstadt

❸

❹

❺

❻

In China wurden Duftstoffe nicht nur zu religiösen Zwecken gebraucht, sondern waren Bestandteil des reichen und aristokratischen Lebens. Wer es sich leisten konnte, umgab sich mit exotischen Duftwolken und räucherte Kleider und Häuser ein. Kleine Duftkugeln wurden entwickelt, die an den Gewändern getragen werden konnten: im Innern befindet sich ein halbkugelförmiges Räucherschälchen, dessen Inhalt dank der kardanischen Aufhängung bei Bewegung nicht herausfallen kann.

❻ **7/107 Chinesisches Räucherbecken mit Holzdeckel und Jadeknauf mit Mandarin-Ente, 16./17. Jahrhundert (Ming-Dynastie).** Hamburg, Museum für Kunst und Gewerbe

❼ **7/108 Kugeliges Räuchergefäß aus Silber, teilweise vergoldet, Tang-Dynastie, 9. Jahrhundert n. Chr.,** Köln, Museum für Ostasiatische Kunst

❼

❽

Seit alters her bekannt, erfuhr die Raumbeduftung im 18. Jahrhundert einen Höhepunkt. Parfümbrenner spielten schon in der Antike eine wichtige Rolle für kultische und profane Zwecke, nun standen sie im Dienst des Eros: Brûle-Parfums, die den Duft aromatischer Substanzen durch Erwärmen verstärken, wurden nicht nur zur Desodorierung eingesetzt, sondern zur Betörung der Sinne, ebenso wie Potpourri-Vasen, die mit trockenen Blütenmischungen gefüllt wurden.

❽ **7/121 Augsburger Brûle-Parfum aus Silber, um 1757–1759.** Sammlung Schwarzkopf im Deutschen Hygiene-Museum Dresden

❾ **7/120 Berliner Potpourri-Vase aus Porzellan für das Arbeitszimmer Friedrichs II. von 1767.** Hamburg, Museum für Kunst und Gewerbe

❾

) vom riechen und erinnern

———— RANDOLF MENZEL

Ein Hauch von einem Duft kann in uns Erinnerungswelten wachrufen. Gefühle und Zustände bewegen uns wieder, und die Bilder der Vergangenheit stehen lebendig vor unserem inneren Auge. Düfte sind innig mit unserem emotionalen Gedächtnis verknüpft. Manches davon wird uns bewusst, vieles bleibt im Unbewussten, beeinflusst unser Verhalten aber nicht weniger stark. Wir können einen Menschen »nicht riechen«, wir sagen »mir stinkt es«, wenn wir eine Abneigung ausdrücken und wir »beschnuppern« uns erst einmal, wenn wir uns kennenlernen wollen. ———— Düfte und Geruchssinn sind die ältesten Kommunikationssysteme von Lebewesen. Bakterien orientieren sich an chemischen Gradienten und finden sich zur sexuellen Fortpflanzung. Eizellen von Moosen und Farnen senden Lockstoffe aus, um männliche Zellen zu leiten. Markierungsmoleküle und Konzentrationsstufen von Leitsubstanzen dienen als Erkennungsmarken für die Entwicklungsprogramme in höheren Tieren und Pflanzen. Überall herrscht das gleiche molekulare Prinzip. Duftsubstanzen sind die molekularen Schalter in den Erkennungsmolekülen. Klinken sie ein, dann steuern sie Prozesse in der Zelle, schalten Wachstumsvorgänge ein oder aus, verändern die elektrischen Signale von Zellen, verknüpfen Zellen zu Verbänden oder lösen solche auf. Dabei werden genetische Programme aktiviert oder abgeschaltet und somit wird das in der Evolution der Organismen entstandene Gedächtnis zum Ausdruck gebracht. Dieses Gedächtnis ist niedergelegt in der Anordnung molekularer Buchstaben im Erbträger, dem DNS-Molekül (Desoxy Nuklein Säure). ———— Jede Tier- und Pflanzenart enthält eine andere Information in ihrer DNS, und alle Individuen einer Art unterscheiden sich geringfügig in der Buchstabenabfolge ihrer DNS. Bei der sexuellen Fortpflanzung werden diese individuellen Abweichungen immer wieder neu gemischt, so dass im Ganzen jeweils eine Art über dasselbe Artgedächtnis verfügt. Dieses Artgedächtnis bestimmt auch, was Organismen riechen können, und welches erfahrungsabhängige Gedächtnis die einzelnen Mitglieder der Art bilden können. ———— Wie ein erfahrungsabhängiges Gedächtnis entsteht ist zwar in vieler Hinsicht ein Geheimnis, aber wichtige Entdeckungen wurden in den letzten Jahren gemacht. Die Geruchswahrnehmung beginnt mit den Molekülen, die von den Geruchssubstanzen wie mit einem Schlüssel ein- und ausgeschaltet werden. Säugetiere, und wohl auch der Mensch, verfügen über hunderte solcher verschiedener Moleküle. Jeweils eine Sorte ist in der Membran einer Art von Geruchsrezeptoren in der Nasenschleimhaut angeordnet. Jeder dieser Geruchsrezeptoren ist damit für eine bestimmte Gruppe von Duftmolekülen empfindlich – meist für recht viele, aber in einer abgestuften Weise. Da sich die Empfindlichkeitsspektren von verschiedenen Duftrezeptoren nur zum Teil unterscheiden, wird die riesige Zahl von Duftmolekülen, die wahrgenommen werden können, jeweils von einer ganzen Zahl verschiedener Duftrezeptoren registriert. Wenn ein Duftmolekül ein Erkennungsmolekül einschaltet, dann führt das zu einer Änderung der elektrischen Spannung

087

① 7/127 Nachbildung einer Elfenbein–Flohfalle aus dem 18. Jahrhundert, die mit ein paar Blutstropfen gefüllt unter dem Reifrock baumelte und die lästigen Parasiten durch den Blutgeruch anlocken und einfangen sollte. Wella AG, Darmstadt

② 7/122 Räume, Kleidung, Bettzeug, Briefe aus Epidemiegebieten – kaum etwas, das nicht in den desinfizierenden Rauch von z. B. Wacholder oder Schwefel gehalten wurde, der durch Räucherpfannen, wie diese aus dem 16. Jahrhundert, verbreitet wurde. Leipzig, Medizinhistorische Sammlung des Karl-Sudhoff-Instituts für Geschichte der Medizin und der Naturwissenschaften

Da Atem und Leben gleichgesetzt wurden, gehörte das therapeutische Räuchern und Vertreiben »schlechter Luft« zu den Hauptmaßnahmen der Hygiene. *Insbesondere den Pestepidemien, die Europa im 14. und 15. Jahrhundert heim suchten, wurde mit Räucherungen begegnet. Seit Beginn des 16. Jahrhunderts sind spezielle Pestschutzkleidungen für Ärzte üblich.*

③ 7/125 Die Schnabelmaske war ein typischer Bestandteil der ärztlichen Schutzkleidung. *Sie enthielt pestabwehrende Mittel, wie der Text zu Matthäus Rembolds Kupferstich »Romanischer Doctor der Artzney« (um 1630-1660) aus der Berliner Staatsbibliothek zeigt: »und die Schäbel thun sie einfillen/mit sachen so den bösen lüfften/abwöhren daß sie nicht vergifften«*

④ 7/126 Arzt mit räucherndem Pestschutzgewand zwischen 1720–1730. Nürnberg, Germanisches Nationalmuseum

Die ursprünglich orientalischen Schmuckgehäuse enthielten einen wertvollen Duftstoff: Bisam. *Als Schutz vor der Pest verbreitete sich der Bisamapfel in Europa. Er wurde meist als Anhänger am Rosenkranz oder Gürtel getragen. Form und Funktion der Bisamäpfel bewahren bis ins 17. Jahrhundert die Pomander, kugelige Behälter mit Fächern für verschiedene Aromatica. Die schmückende Funktion übernahmen die Vinaigrettes, kleine Silberdöschen mit getränkten Schwämmen.*

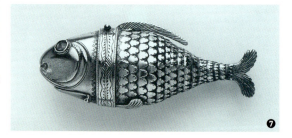

⑤ 7/118 Silbernes Riechbüchschen als Eichel-Anhänger. Hamburg, Museum für Kunst und Gewerbe

⑥ 7/116 Silberner, innen vergoldeter Bisamapfel aus dem 17. Jahrhundert. Sammlung Schwarzkopf im Deutschen Hygiene-Museum Dresden

⑦ 7/119 Silberne Riechbüchse in Form eines Fisches mit beweglichem Körper (1810) Hamburg, Museum für Kunst und Gewerbe

der Rezeptorzelle und damit zu einem Signal für das Gehirn. Duftrezeptoren liefern also dem Gehirn elektrische Erregungssignale, die auf vielen Nerven parallel in die erste Verarbeitungsinstanz einströmen. Die ca. 30 Millionen Duftrezeptoren in unserer Nasenschleimhaut mit ihren zum Gehirn ziehenden Nervenfasern gehören etwa 1000 verschiedenen Klassen von Duftrezeptoren an. Man kann also abschätzen, daß etwa 30 000 Rezeptoren derselben Klasse zum Gehirn ziehen. Dort enden sie in einem sehr ursprünglichen Teil des Gehirns, das schon bei den ältesten Wirbeltieren den Eingang vom Riechorgan erhielt: Dieser Teil des Gehirns, der *Bulbus olfactorius,* ist direkt und innig mit Regionen des Gehirns verschaltet, die unsere Gefühle und unsere unbewussten Reaktionen steuern. Dies mag der Grund dafür sein, dass Duftgedächtnisse so stark mit unserer Gefühlswelt verknüpft und viele duftgesteuerte Verhaltensweisen nicht unserer Kontrolle durch das Bewusstsein unterliegen. Der *Bulbus olfactorius* ist aber auch mit Regionen unseres Gehirns verschaltet, deren Funktionen uns bewusst werden. Dies versetzt uns in die Lage, Düfte zu erkennen, sie bewusst Situationen zuzuordnen und unser Verhalten danach einzurichten. Wie aber geschieht das? _____ Wie sortiert das Gehirn die Erregungssignale der 30 Millionen Duftrezeptoren so, dass eine bestimmte Substanz einer eindeutigen Duftwahrnehmung zugeordnet wird und dass Mischungen von vielen Substanzen ihre ganz charakteristische Duftnote erhalten? Die Leistungen des Riechsystems sind in der Tat erstaunlich. Einem Hund reichen wenige Moleküle während eines Schnüffelvorgangs, um einen Duft zu erkennen. Ein Mottenmännchen des Seidenspinners *Bombyx mori* vermag das Weibchen an einem von diesem erzeugten Molekül in 1 Milliliter Luftvolumen zu erkennen. Die Duftunterscheidung erscheint fast unbegrenzt: Wir Menschen können sicher mehr als 10 000 Düfte unterscheiden, aber gut trainierte Parfümeure und Weinkenner übertreffen diese Zahl bei weitem. Eine Eigenart der Duftwahrnehmung gilt für Menschen wie für Tiere: Die Duftqualität kann stark von der Konzentration des Duftes abhängen. So riecht zum Beispiel der im Parfüm häufig verwendete Duftstoff Ionon in niedrigen Konzentrationen nach Veilchen, in höheren nach Holz. Moschus (aus Drüsen des hirschartigen Moschustieres) ist in sehr geringer Konzentration Bestandteil vieler Parfüms, in hoher Konzentration hat es für uns einen ekelerregenden Geruch. Diese Hedonik der Duftwahrnehmung verweist auf das genetisch festgelegte Artgedächtnis, das über die im DNS-Molekül gespeicherte Information die Verknüpfung der Nervenzellen im Gehirn so steuert, dass nicht nur Düfte erkannt werden, sondern ihnen auch Qualitäten (angenehm, unangenehm) angeborenermaßen, also ohne Erfahrung, zugeordnet werden. Diese genetische Steuerung der Duftwahrnehmung wird auch bei angeborener Duftblindheit deutlich. So können zum Beispiel 2 Prozent der Bevölkerung keinen Schweißgeruch und 33 Prozent kein Kampher riechen. Diesen Menschen fehlen die geeigneten Duftrezeptoren. Es gibt eine ganze Reihe solcher Duftblindheiten. Andere Leistungen des Riechsystems weisen auf die große Bedeutung der Erfahrung mit Düften hin, mitunter schon ganz früh in der Entwicklung. Kaninchen werden zum Beispiel schon vor der Geburt auf bestimmte Futterpflanzen geprägt, die die Mutter aufnimmt. Diese werden

❽ 7/97 Die Blumenbilder von Georgia O'Keeffe zeigen die Blüten voluminös von ihrer sinnlichen betörenden Seite, fleischlich und üppig in der Farbigkeit. *Die »Weiße Trompetenblume« mit ihrem weit geöffneten Kelch scheint Düfte zu verströmen wie sie umgekehrt als Trichter von verschlingender Anmutung ist.* San Diego Museum of Art

Installation »Geruch und Gedächtnis«. Mit Hilfe eines interaktiven Spiels können Besucher in die Rolle einer Biene schlüpfen und beim Flug über eine blühende Wiese den Zusammenklang von Düften und ihre Einprägung in das Gedächtnis erleben. (Die Installation entstand in Zusammenarbeit von Prof. Randolf Menzel und Dr. Giovanni Galizia, Institut für Neurobiologie, Freie Universität Berlin, dem Medienkünstler Eku Wand und dem Trickfilmer Heinz Busert)

❶ Die Nase der Biene ist auf ihren Fühlern. 60 000 Sinneszellen empfangen dort ein buntes Potpourri von Duftstoffen, während die fleißige Sammlerin über eine blühende Sommerwiese fliegt. Was spielt sich dabei in ihrem Gehirn ab? Und was passiert, wenn die Biene lernt und sich die Erinnerung an einen ganz bestimmten Duft einprägt?

❷ Der »Duft-Code« der Bienen hat auch Ähnlichkeit mit der Musik. Ein Akkord ergibt sich aus einer bestimmten Kombination von Noten. Ändert sich nur eine Note, so kann doch der ganze Akkord anders klingen. Ordnet man nun jedem Glomerulus eine Note zu, so wird ein Duft als Akkord »hörbar« und der Besucher kann wie mit einer natürlichen »Duftorgel« eigene Kompositionen erstellen.

❸ Die Bilder zeigen einen winzigen Teil des Bienenhirns - hier findet die Duftwahrnehmung statt. Die kleinen runden Kügelchen sind Nervenknäuel, sogenannte Glomeruli. In den Experimenten brachten Gehirnforscher diese Glomeruli mit einem speziellen Farbstoff zum »Leuchten« und nahmen Filme der Hirnaktivität auf. Immer dann, wenn die Biene einen Duft roch, blinkte eine ganz bestimmte Kombination der Nervenknäuel auf (gelbe und rote Stellen). So hat jeder Duft seinen eigenen »Code« im Gehirn. Beim Lernen prägt sich dieses Muster tief ein und hinterlässt eine bleibende Erinnerung im Hirn der Biene.

auch von den Tieren nach der Geburt gewählt. Ein Schaf muss sein Neugeborenes unmittelbar nach der Geburt riechen, damit es dieses als sein eigenes Junges annimmt. Solche prägungsartigen Lernvorgänge sind außerordentlich stabil und wirken unbewusst. _____ Wenn wir verstehen wollen, wie das Gehirn Duftunterscheidung und Duftlernen leistet, müssen wir ihm bei diesen Aufgaben zusehen. Das gelingt, weil die elektrischen Erregungssignale der Duftrezeptoren gemessen werden können und der Erregungsfluss im Gehirn sichtbar gemacht werden kann. Dann tut sich eine wunderbare Welt der Gehirnleistung auf. Wir sehen, dass Düfte zu Erregungslandschaften führen, die für jeden Duft unterschiedlich und spezifisch sind. Die Ausstellung zeigt dies am Beispiel des Riechsystems der Biene. Die Biene ist besonders geeignet, weil man ihrem Gehirn tatsächlich beim Riechen und beim Duftlernen zusehen kann. Da die Leistungen beim Riechen und der Aufbau der ersten Gehirninstanz von Biene und Säugetieren recht ähnlich sind, kann man aus den Erkenntnissen am Bienengehirn auch vieles über unser eigenes Gehirn lernen. _____ Wie beim Säugetier laufen die Nervenfasern der Geruchsrezeptoren auf der Antenne (hier 60 000 statt 30 Millionen beim Menschen) in eine erste Verschaltungsinstanz (hier Antennallobus und nicht olfaktorischer Bulbus genannt). Wie beim Säugetier vereinigen sich die Nervenfasern in kleinen Klumpen von dichten Nervenverschaltungen, den Glomeruli. Säugetiere haben einige Tausend solcher Glomeruli, die Biene hundertsechzig, die alle genauestens bekannt sind. Die hundertsechzig Glomeruli bilden eine traubenartige Anordnung, zwischen denen viele Nervenzellen vermitteln und von denen Nervenfasern ausgehen und zu anderen Gehirnregionen verlaufen, wie dies auch im Säugetiergehirn der Fall ist. Riecht die Biene nun einen Duft, dann werden die Riechrezeptoren, die mit ihren Erkennungsmolekülen auf den Duft ansprechen, elektrische Erregungssignale erzeugen und sie in die Glomeruli schicken. Hier entsteht nun eine Erregungslandschaft, die anzeigt, welche Duftrezeptoren und damit welche Glomeruli durch den Duft erregt werden. Sichtbar machen kann man die Erregungsverteilung im Gehirn mit bestimmten Farbstoffen. Diese Farbstoffe haben die Eigenschaft unterschiedlich stark zu fluoreszieren, wenn Nervenzellen unterschiedlich erregt sind. Die Fluoreszenzänderung kann man mit einem Mikroskop und einer Kamera messen und als Bildserie darstellen. In der Ausstellung wird die Verstärkung der Fluoreszenz als Farbänderung von Blau nach Grün nach Gelb nach Rot dargestellt. Auf diese Weise erkennt man starke Erregung als gelbe und rote Flecken. _____ Man kann die Erregungslandschaft mit einer Karte beschreiben, in der die Glomeruli wie Landmarken angeordnet sind und jeder Duft zu einem unterschiedlichen Muster von herausgehobenen Landmarken führt. Ein Duft ist also im Gehirn ein Muster von Glomeruli-Erregungen. Da die Muster überlappen und stets mehrere, aber nicht viele Glo-

❶

[hilfe]

[→]

[wissen]

margerite

Geruch und Gedächtnis
Ergebnisse aus der Neurobiologie

④ 7/96 Im »Rosenfreund« (1855) fasst Carl Spitzweg die dem Geruchssinn eigene erotisch-sinnliche Seite und das emotionale Gedächtnis in ein poetisches Bild. *Der Rosenduft ruft bei dem Seminaristen süße Erinnerungen wach, die mit dem Liebespaar unterhalb des Busches angedeutet sind.* Frankfurt am Main, Städtische Galerie im Städelschen Kunstinstitut

7/95 **Das Modell eines Schnitts durch den menschlichen Kopf (um 1920) legt auch das Innere der Nase offen, zeigt sie aber noch als recht schlichtes Organ.** *Erst in den letzten Jahren wurde der Riechsinn als einer der komplexesten Sinne auch des Menschen erschlossen. Der Kopf ist, wie die anatomischen Modelle der Zeit, von künstlerischer Hand gefertigt.* Dresden, Stiftung Deutsches Hygiene-Museum, Sammlung ❶ **Außenansicht der linken Gesichtshälfte** ❷ **Ansicht des Inneren**

meruli an diesem Duftcode teilnehmen, können mit den hundertsechzig Glomeruli im Bienengehirn eine sehr große Zahl von Düften abgebildet werden. Und in der Tat unterscheiden Bienen sehr viele Düfte. Wahrscheinlich sind sie uns in der Duftunterscheidung eher überlegen als unterlegen. ——— Wie bildet sich ein Duftgedächtnis in einer solchen Glomeruli-Erregungslandschaft? Bienen wählen ja die Nektar und Pollen produzierenden Blüten, weil sie den Duft solcher Blüten lernen und bei ihren Suchflügen die Blütendüfte wählen, bei denen sie bereits erfolgreich waren. Lernen eines Duftes muss dazu führen, dass der bedeutungsvolle Duft aus den gerade bedeutungslosen Düften herausgehoben wird, aber die für die Düfte charakteristischen Glomeruli-Erregungskarten erhalten bleiben. Schaut man nun dem Bienengehirn zu, wenn es einen Duft lernt, dann sieht man, dass sich in der Tat die für diesen Duft charakteristische Erregungslandschaft verstärkt und sie von denen anderer Düfte verschiedener wird, dass sie sich aber nicht prinzipiell ändert. Das spezifische Gedächtnis für den gelernten Duft besteht also in einer Verstärkung der Verschaltungen im Gehirn, die zu der duftspezifischen Erregungslandschaft führen. Diese Beobachtung spiegelt ein wichtiges Prinzip wieder, wie im Gehirn generell Gedächtnis abgebildet wird: diejenigen Verschaltungen werden dauerhaft verstärkt, die den Gedächtnisinhalt im Gehirn repräsentieren. Dieses Prinzip gilt nicht nur für die Duftgedächtnisse, sondern nach all dem, was wir wissen, für alle Formen von Gedächtnissen, solche des Menschen mit eingeschlossen. Bei der Bildung des Duftgedächtnisses der Biene lässt sich dies direkt sichtbar machen. ——— Gedächtnisse haben immer zwei Anteile, das des genetisch kontrollierten, in der Evolution der Tierart entstandenen Artgedächtnisses und das durch Erfahrung des einzelnen Tieres mit der Umwelt entstandene Individualgedächtnis. So lernen Bienen einen Blütenduft schnell zu erkennen, der eine ertragreiche Futterquelle markiert (Individualgedächtnis). Sie können aber auch bei Gefahr andere Bienen zu Hilfe rufen, indem sie einen Alarmduft aussenden. Diesen Duft erkennen alle Bienen, angeborenermaßen, als Alarmsignal (Artgedächtnis). Auf der Ebene der Nervenzellen und ihrer Verschaltung sind diese beiden Gedächtnisse innig verschränkt. Die Information des DNS-Moleküls steuert die Entstehung der groben Verschaltungsmuster der Nervenzellen und stellt all die molekularen Reaktionsketten an den richtigen Stellen zur Verfügung, an denen die Erfahrung zu Anpassungen der Verschaltung zwischen den Nervenzellen führen kann. Die Erfahrung moduliert dann die feine Verschaltung der Nervenzellen. Gedächtnis liegt also im Nervensystem als Muster von Verschaltungsweisen verteilt an vielen Stellen vor. Wie das Gedächtnis sich auswirkt, ob es uns bewusst wird, ob es Verhaltensweisen direkt steuert, unsere Wahrnehmung beeinflusst und das Bild der Welt um uns verändert, ist eine Leistung des gesamten Nervensystems. Dazu wirken viele Gedächtnisse in verschiedenen sensorischen und motorischen Regionen zusammen, und welche davon auf unser Art-Gedächtnis und welche auf unser Erfahrungsgedächtnis zurückgehen, ist häufig nur sehr schwer zu erkennen. Aber vielleicht ist diese Unterscheidung gar nicht so wichtig. Bedeutsam ist die Erkenntnis, wie sehr das Erleben der Welt und der Umgang mit ihr von unseren Erwartungen abhängen. Erwartungen sind das Ergebnis unseres Gedächtnisses für ähnliche Situationen. Gedächtnis ist eine Leistung des Nervensystems, das die Zukunft vorwegnimmt, weil es die Vergangenheit bewahrt. Diese Vergangenheit kann kurz oder lange zurückliegen, kurz im Sinne der Lebensspanne eines Individuums, lange im Verlauf von vielen Generationen und ausgeprägt durch den Vorgang der biologischen Evolution.

❶ 7/151 Drei Philosophen stellen dem König Spiele vor und erläutern deren Nutzen: *Während das Schach den reinen Verstand symbolisiert, steht das Würfelspiel für den blinden Zufall, das Backgammon für die Kombination von beidem. Die Darstellung ist eine der Eröffnungsminiaturen des berühmten Spielebuchs im Escorial in Madrid, das König Alfons X. im Jahre 1283 in Auftrag gegeben und mitverfasst hat. Es ist das erste Schachlehrbuch in einer europäischen Sprache, geht aber auch auf andere Spiele ein und endet mit zwei Spielen auf astrologischer Basis, die für die tiefere Einsicht in die göttliche Vorsehung standen. Bibliothek der RWTH Aachen (Faksimile)*

❷ 7/157 Spielbrett und Schachfigurensatz von Christoph Angermair (1615–1620) sind von erlesenem Material und feinster künstlerischer Qualität.

Sie stehen in enger Verbindung mit den Figurensätzen, die Angermair, einer der Begründer der deutschen Elfenbeinkunst des Barock, für fürstliche Kunstkammern hergestellt hat und sich heute in Berlin und Braunschweig befinden. St. Petersburg, Staatliche Eremitage

Der emmeral aus dem herfawn
Jnv auno sich das fire awerd em tim
Der allen harden jringe schaden
sie awol zu hort saden
Zu ehernnhisen hocktzen
Vil volkche sawon toe lent

❻

❶

❸ **7/154 Zu einem Brettspiel gehörte in der Regel ein Schach-, Mühle- und Backgammon- oder Triktrakspiel.** *Aufwändig hergestellt, waren sie Bestandteil von Wunderkammern und fürstlichen Sammlungen, wie dieses aus kostbaren Hölzern und reichen Intarsien aus dem 16. Jahrhundert, zu dem kunstvoll geschnitzte Steine mit Jagd- und Bergbauszenen gehören. Ehemals brandenburgisch- preußische Kunstkammer, heute Staatliche Museen zu Berlin, Kunstgewerbemuseum*

❹ **7/156 Brettspiel für Schach und Triktrak von Adam Eck aus Eger.** *Der böhmische Ort Eger war von 1630 bis 1750 bekannt wegen seiner außergewöhnlich reichen Intarsien- und Schnitztechnik sowie der Verwendung verschiedener Hölzer. Typisch sind geschnitzte Szenen auf der Oberseite des Kastens wie hier die Schlachtendarstellung. Ehemals Kunstkammer, heute Staatliche Museen zu Berlin, Kunstgewerbemuseum*

❺ **7/155 Spielkassette, integriert in ein Buch mit erbaulichen Erzählungen von Denkern und Dichtern.** *Das Spiel befindet sich im aufklappbaren Einbanddeckel. Laut handschriftlicher Widmung schenkte es 1586 »Christof W. Thiel seiner Tochter Hedw. Nicolai«. Staatliche Museen zu Berlin, Kunstgewerbemuseum*

❻ **7/170 »Arabel und Willehalm beim Schachspiel« (1. Hälfte des 15. Jahrhunderts), Illumination zum Willehalm-Zyklus innerhalb der Weltchronik des Heinrich von München.** *Die zahlreichen Liebenden beim Schachspiel in der höfischen Welt des Mittelalters nehmen ihren Ausgangspunkt in der Liebesallegorie im ›Livre des échecs‹ (Buch des Liebesschach), das in Frankreich zwischen 1370 und 1380 nach dem Vorbild des Rosenromans entstanden ist. Staatsbibliothek zu Berlin – Preußischer Kulturbesitz*

❶ 7/195 a »Space War« war das erste Videospiel überhaupt. *Es wurde 1962 in Boston von einigen M.I.T.-Studenten um den Informatiker Steven Russel auf dem Mainframe Rechner PDP 10 programmiert. Das nichtkommerzielle Spiel verbreitete sich in kürzester Zeit innerhalb der amerikanischen Hochschulen, da nur dort die sehr teuren Computer zur Verfügung standen. Die Spielidee ist inspiriert von den Science Fiction-Erzählungen ›Skylark‹ und ›Lensman‹ von Edward E. Smith.* Computerspiele Museum Berlin

❷ 7/195 c »Life« ist eines der ersten Programme zur Simulation von künstlichem Leben. *Dieses initiiert der Spieler mit fünf Einheiten, um dann Bewegung, Wachstum oder Absterben zu beobachten, die je nach Ausgangssituation variieren. Conway, Mathematiker der Universität Cambridge, entwickelte das Spiel Ende der sechziger Jahre zunächst als Brettspiel. Er knüpfte hiermit an die berühmten Zellular-Automaten des Mathematikers John von Neumann an, die die Entstehung des Lebens zu simulieren suchten.* Computerspiele Museum Berlin

❸ 7/195 f »Creatures« ist die bisher erfolgreichste Version eines Spiels mit komplexen künstlichen Lebensformen. *Hinter jeder Figur steht bereits in einfachster Form ein Gen-Code, Programme auf der Basis neuronaler Netze steuern ihr Verhalten und ihre Lernfähigkeit. Der Spieler sorgt durch »Zuwendung« und »Erziehung« seiner Figuren für deren Charakterbildung und Wohlergehen. Mehrere modifizierte Versionen sind bisher erschienen.* Computerspielemuseum Berlin

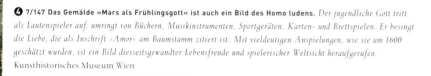

❹ 7/147 Das Gemälde »Mars als Frühlingsgott« ist auch ein Bild des Homo ludens. *Der jugendliche Gott tritt als Lautenspieler auf, umringt von Büchern, Musikinstrumenten, Sportgeräten, Karten- und Brettspielen. Er besingt die Liebe, die als Inschrift »Amor« am Baumstamm zitiert ist. Mit vieldeutigen Anspielungen, wie sie um 1600 geschätzt wurden, ist ein Bild diesseitsgewandter Lebensfreude und spielerischer Weltsicht heraufgerufen.* Kunsthistorisches Museum Wien

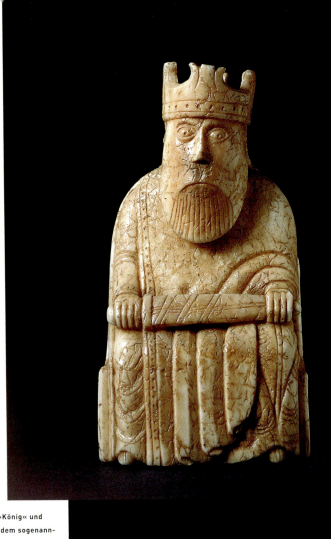

❶ 7/150 a) b) »König« und »Königin« aus dem sogenannten Lewis-Schachspiel, das nach dem Fundort auf der Hebriden-Insel Lewis benannt ist. *Vermutlich sind die Figuren im 12. Jahrhundert in Skandinavien entstanden, am historischen Übergang von arabisch bestimmten Spielen zu einer Anpassung von Figuren und Regelwerk an das europäische Herrschaftssystem.* London, The British Museum
❷ 7/167 Die Schicksalsgöttin Fortuna schwebt über der königlich bayerischen Lotterietrommel in einer eleganten, Triumph verheißenden pyramidalen Komposition und steht doch für die Unbeständigkeit des Glücks. München, Bayerisches Nationalmuseum

❸ 7/153 Schachfigur »Elefant« aus Indien, vermutlich 16. Jahrhundert. *Da im indischen Schach keine Elefanten vorkommen, wurden sie wahrscheinlich für Sammler in Europa hergestellt. Hier nahm der Elefant die Funktion des Turms ein.* Privatbesitz ❹ 7/152 Die kleine exquisite Elfenbeinfigur des Königs ist wie viele der Schachfiguren als eigenständige Skulptur gearbeitet. Privatbesitz

07 _ das spiel ist eröffnet)

Das Stuttgarter Spiel gilt als das älteste erhaltene Kartenspiel. *Prächtige und kostbare Einzelstücke wie dieses waren nicht für den täglichen Gebrauch bestimmt, sondern dienten der spielerisch-geistreichen Beschäftigung in höfischem Milieu. Die vier Farben werden durch jagende und gejagte Tiere dargestellt, an deren Spitze zwei Könige zu Pferd und zwei thronende Königinnen stehen.* Württembergisches Landesmuseum Stuttgart ❺ 7/179 c) Spielkarte »Hirsch-Unterhofdame«, um 1427–31 ❻ 7/179 a) Der »Falken-König«

❺ ❻

❼

❼ **7/184 Darstellung der »neuen Weltordnung« in allegorischen Figuren.** *Mit der Französischen Revolution wurden die Hoheitszeichen aus den Kartendruckstöcken entfernt und 1793 im Umkreis Henri de Saint-Simons neue Karten entwickelt: revolutionäre Tugenden ersetzen die feudale Hierarchie.* Leinfelden-Echterdingen, Deutsches Spielkarten-Museum

——— MARGRET KAMPMEYER-KÄDING

Der *Homo ludens* ist eine zukunftsträchtige Spezies, vertraut man den Wirtschaftszahlen des stark expandierenden Spielemarkts. Allein die Computerspiele haben im letzten Jahr einen größeren Umsatz erzielt als die Filmindustrie Hollywoods. Die größte internationale Messe für das konventionelle Spiel findet jährlich statt, in Nürnberg, mit einer gleich bleibenden Nachfrage der Käufer und Händler. Auch der relativ neue Bereich der interaktiven Kunst stellt sich bislang hauptsächlich als Spiel vor. ——— Im 18. Jahrhundert wählt Schiller den Begriff des Spiels als theoretisches Fundament für die Erziehung des Menschen. Die Freiheit des Menschen entstehe im Ausgleich der Kräfte des sinnlichen Daseins und der Vernunft. Diesen aber leiste das Spiel, das zwischen beiden vermittle. Für das eigentliche Spiel als Ausnahmezustand und zeitweiligen Ausbruch aus der Realität hat Lewis Carrol Ende des 19. Jahrhunderts ein phantastisches und sprechendes Bild gefunden. Das zweite Wunderland von Alice, »Hinter den Spiegeln«, in das sie auch durch einen Spiegel gelangt, stellt sich als großes (Schach)Spiel dar. ——— Im Spielen haben die alltäglichen Gesetze keine Geltung, hier zählt nur die Eigendynamik des Spiels, die sich im Verhältnis ausreichenden Spielraums innerhalb eines gegebenen Regelwerks erhält und ausmisst. Dies galt für die kultischen Spiele und Wettkämpfe wie für die Spiele heutiger Zeit. Überall werden für eine begrenzte Dauer Räume eröffnet, in denen der Mensch selbstvergessen oder leidenschaftlich Wagnisse eingeht, sein Glück herausfordert, nach Ehre und Sieg strebt, ohne dass er sich ernsthaft in Gefahr begibt. Nur Geschick, Glück und strategisches Vorgehen offerieren Chancen auf das Gewinnen. Fortuna ist die wendige Göttin des Glücks, mehr noch des Schicksals. Mit ihr ist zugleich auf die metaphorische Ebene des Spiels verwiesen, die etwa im göttlichen Würfelspiel oder im Bild vom Spiel des Lebens sinnfällig wird. Der Zufall, das unverdiente Glück und die Unvorhersehbarkeit des Schicksals sind in ihm enthalten. Auf dem weiten Feld des Spiels bezeichnen strategische und Glücksspiele, obwohl sie viele Berührungs- und Schmelzpunkte haben, zwei wesentliche Grundzüge spielerischer Möglichkeiten. Während insbesondere das logische und anspruchsvolle Schachspiel – vormals Zeichen der Weisheit, herrscherliches Attribut und Symbol des geistigen Wettstreits – in der Sphäre von Fürstenhöfen, Künstlerateliers und intellektuellen Zirkeln situiert wird, so ist im Gegensatz hierzu das Glücksspiel im Milieu lärmender Wirtshäuser mit Karten spielenden und würfelnden Bauern und Soldaten beheimatet. Dies sind Spiele um Geld, der Anteil des Zufalls im Spielverlauf ist größer. Die bildliche Überlieferung platziert mit ihnen die Orte des Lasters, im Ausblick auf die Spielhöllen und Automatenhöhlen moderner Zeit. Spielverbote und moralische Verdikte, die sich fast ausschließlich auf das Glücksspiel richteten, greifen heute indes im virtuellen Raum des Internet, in dem die Glücksspiel-Industrie zu den Top-Gewinnern gehört, ins Leere. _____Kann man die nach mathematischen Regeln funktionierenden Schachspiele auf der sekundären symbolischen Ebene noch als Abbilder einer Realität auffassen, so ist der Sprung in das Realitätsspiel mit dem taktischen Kriegsspiel des Baron von Reiswitz erreicht. Von hier braucht es nur einen kleinen Schritt in die digitale Ebene der Simulation militärischer Szenarien und die Unterschiede zwischen Spiel und Realität verschwimmen. Ein Abbild des Lebens? Die »Spiele des Lebens« gehen einen anderen Weg. Von der informationstheoretischen, wissenschaftlichen Seite sind die elementaren Strukturen des Spiels als nicht-hierarchische Modelle zur Erklärung komplexer Prozesse erkannt und von zunehmender Bedeutung. Als soge-

»DER MENSCH ABER IST DAZU GEMACHT, nannte Spieltheorie, der mathematischen Theorie von Konflikt **EIN SPIELZEUG GOTTES ZU SEIN,** und Kooperation, hat sie vor allem in **UND DAS IST WIRKLICH DAS BESTE AN IHM.** der Biologie, Evolutionsforschung und Wirtschaftsheorie **SO MUSS DENN JEDERMANN,** einen festen Platz gewonnen. Umgekehrt haben für die eigentlichen **EIN MANN SO GUT WIE EINE FRAU,** Spiele deren Erfinder längst die Möglichkeiten mathe- **DIESER WEISE FOLGEND DIE SCHÖNSTEN SPIELE SPIELEND** mathischer Programme, etwa **DAS LEBEN LEBEN,** des Künstlichen Lebens, für sich genutzt und Spiele entwickelt, die auf der Oberfläche **GERADE UMGEKEHRT GESINNT ALS JETZT«** Lebensvorgänge und –situationen abbilden. So ist unser

Plato, Leges, VII 803 CD Leben schon lange mit dem Spiel verschränkt, wie sich die Erforschung von Lebensvorgängen spielerischer Strukturen bedient. Das Regelwerk des Lebens ist nicht hermetisch, der Zufall eröffnet immer wieder Perspektiven. Jacques Tati hat diesem Gedanken in seinem Film *Playtime* eine künstlerische Form gegeben: Ohne Hauptfigur, aber mit vielschichtigen autopoetischen Strukturen, die eine Orientierung erschweren, dennoch aber mehr und mehr die vielen Möglichkeiten aufscheinen lassen, die im Handlungsknäuel verborgen sind. Ein unendliches Lebensspiel.

vom ursprung des spiels

in der phantasie___ULRICH SCHÄDLER

Mühlefelder wurden schon in die Flachdächer ägyptischer Tempel eingeritzt, doch wo und wann das *Mühlespiel* ❶ (s. 104) entstand, ist unbekannt. *Mancala,* das mit Hunderten von Varianten zu den am weitesten verbreiteten Brettspielen der Welt gehört, könnte dreitausend Jahre alt sein oder erst tausend und aus Ägypten oder Afrika, vielleicht aber auch aus Kleinasien, Persien oder Indien stammen. Vom chinesischen *Weiqi* bzw. dem japanischen *Go* glaubt man zu wissen, dass es ein paar tausend Jahre alt ist. Nicht einigen konnte man sich bisher, ob das *Schach* aus Indien, Persien oder China stammt, ob es in einem genialen Wurf erfunden wurde oder in einem längeren Prozess und wann genau. Ähnliches gilt für die freilich so gut wie unerforschten Spiele aus der *Backgammon*-Familie, die zu den weltweit populärsten Spielen überhaupt zählen und von den Römern und vielleicht auch in Indien mindestens schon zwei Jahrhunderte vor der Zeitenwende gespielt wurden. Kurzum: Unsere Kenntnisse über die Wurzeln der bekanntesten und

»DER WELTLAUF IST EIN SPIELENDES KIND, beliebtesten Brettspiel-»Klassiker« sind erschre-
DAS HIN UND HER BRETTSTEINE SETZT« ckend dürftig und wie tief sie wirklich reichen, ist schwer auszu-
Heraklit, Fragment B52 machen. ___ So kann die Aufgabe, nach dem Ursprung des Brettspiels an sich zu fragen, nur darin bestehen, eben diesen Ursprung als interessantes und wichtiges Problem ins Bewusstsein zu rücken. Dabei sollte es nicht nur um die zeitliche und räumliche Eingrenzung, sondern auch um die Frage nach dem Sinn und der Bedeutung gehen, die die Entstehung des Brettspiels veranlasst haben. Nun ist das Spielen im Allgemeinen ein den meisten höheren Säugetieren und Vögeln angeborenes Verhalten. Die Wettlauf-, Jagd-, Kampf- und Bewegungsspiele von Hunden, Katzen, Delfinen oder Affen gehören auch zur Natur des Menschen. Nach ihrem Ursprung zu fragen, ist Sache der Biologie, nicht der Kulturgeschichte. Eine den Menschen auszeichnende Form des Spiels hingegen ist das Brettspiel, auf dessen Betrachtung wir uns deshalb an dieser Stelle beschränken. Es zeichnet sich dadurch aus, dass »Spielsteine« nach bestimmten Regeln auf einem durch Zeichen, Linien oder Ähnlichem strukturierten »Spielplan« gesetzt und / oder gezogen werden. Das bedeutet: Beim Brettspiel bewegt sich der spielende Mensch nicht selbst. Er lässt stattdessen handliche Objekte verschiedenster Art als »Spielsteine« um die Wette laufen oder miteinander kämpfen und dies nicht in der natürlichen Umwelt, sondern auf einer aus dieser ausgegrenzten Fläche – dem Spielplan oder Spielbrett. Das Brettspiel ist demnach eine kulturelle Errungenschaft. Spielsteine und Spielplan sind darin Zeichen; sie repräsentieren die Welt oder einen Teil von ihr oder gar eine eigene Welt im Kleinen, in der besondere Regeln gelten, und die in ihr »lebenden« Akteure. Diese Spielwelt und alles, was in ihr geschieht, sind ein Produkt der Phantasie, für die das Spielmaterial lediglich das als Assoziationshilfe notwendige Rüstzeug darstellt. Das Brettspiel setzt die Fähigkeit zum symbolischen Denken voraus. Dies ist eine Bewusstseinsleistung, die der Mensch erst im Laufe seiner Entwicklung erworben hat. Das gilt erst recht für das Zählen, mit dessen Hilfe

❶

❷

Im 15. Jahrhundert entsteht an den Höfen Norditaliens die Idee des Trumpfes: zu den gängigen Kartenspielen tritt eine eigene Trumpfreihe, die ›Tarots‹, ›Tarocke‹ oder ›Trionfi‹. Ihre Abfolge wird von einer heute unbekannten Logik bestimmt und stand der Wahrsagerei nahe. Seit Entstehen der Tarotkarten sind auch ›Losbücher‹ bekannt, die die Bedeutungen der einzelnen Karten enthielten. Leinfelden-Echterdingen, Deutsches Spielkarten-Museum

❶ 7/186 Zwei Spielkarten aus dem sogenannten ›Mantegna-Tarock‹

❷ 7/187 Losbuch ›Il Giardino dei Pensieri‹ (Der Garten der Gedanken) des Marcolino da Forli

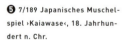

❺

❻

Japan gilt als das klassische Land der Zusammensetzspiele. Die älteste Spielkartentradition ist die des sogenannten ›Awase-Typus‹, die als Muschelspiel seit der Heian-Periode (794-858 n. Chr.) bekannt und sehr kostbar gearbeitet ist. Aus zunächst lyrischen Kartenmotiven entwickelten sich die Hundertdichterkarten, die aus Gedichtzeilen und Dichterporträts bestehen. Leinfelden-Echterdingen, Deutsches Spielkarten–Museum.

❺ 7/189 Japanisches Muschelspiel ›Kaiawase‹, 18. Jahrhundert n. Chr.

❻ 7/190 Das Hundertdichterspiel ›Hyakunin isshu uta karuta‹.

❸

❹

❸ 7/172 Die Steine dieses Dominospiels vom Anfang des 17. Jahrhunderts sind 28 Miniaturbüsten, die in einem eigenen Bildprogramm die gesellschaftlichen Stände, aber auch Temperamente und Lebensalter vereinen und als »Joker« Tod und Narr enthalten.
Der Reiz des Spiels liegt in den Deutungen dieser beziehungsreich kombinierbaren Konstellationen. Amsterdam, Rijksmuseum

❹ 7/194 Pacisi-Spiel mit Würfeln und Steinen. *Das indische Pacisi ist eines der ältesten Spiele Indiens, das auch als* ›Chaupar‹ (caupar) *oder* ›Chausar‹ (causar) *bekannt ist und mit langen Stabwürfeln gespielt wird. Bis heute hat sich die Form des Spiels unverändert erhalten. Mit veränderter Spielweise ist es zu uns gekommen und als Mensch-ärgere-dich-nicht bekannt. Staatliche Museen zu Berlin, Ethnologisches Museum*

❼ 7/192 *Zwei große, einander verwandte Kartenkulturen prägen die indische Spieltradition. Im Norden war ein höfisches System verbreitet, das* ›Mogul Ganjifa‹, *das hier in einer typischen Version mit kleinen runden Karten gezeigt wird. Im Süden herrschte das heute bekannte hinduistische Spiel vor, das* ›Dashavatara Ganjifa‹

❽ 7/193 *dessen* ›Farben‹ *den Inkarnationen (*›Avatara‹*) des Gottes Vishnu entsprechen.* Leinfelden-Echterdingen, Deutsches Spielkarten-Museum

❼

❽

❹ 7/148 Die Schachfigur »König« oder »Dame« aus dem 8. oder 9. Jahrhundert n. Chr. gehört zur sogenannten abstrakten oder arabischen Form, wie sie vor dem Aufkommen der figürlichen Schachsteine die Regel waren. Privatbesitz

❺ 7/135 Schachfigur eines stehenden Elefanten mit Mahut und sitzender Figur, 8.-9. Jahrhundert. Staatliche Museen zu Berlin, Museum für Islamische Kunst

❶ 7/177 Würfelautomat, ca. 1890. Die ältesten bekannten Geldspielgeräte sind mechanische Würfelspiele, die zunächst von Musikgeräte-Firmen hergestellt wurden. Nach Einwurf eines Reichspfennigs konnte man einen Metallbügel betätigen und so die Platte, auf der die Würfel lagen, in Bewegung setzen. Espelkamp, Museum Gauselmann

❷ 7/178 »Lucky Dice« (1927) gehört zu den Glücksspielautomaten um Geld. Die Rotation der mit Würfelaugen besetzten Walzen wird von der Animation einer Würfelszene begleitet: Der rechte Spieler schüttelt während des Spiels seinen Würfelbecher. Bleiben die Walzen bei einer Gewinnkombination stehen, prostet der Wirt dem Würfler zu. »Lucky Dice« wurde nur für den Export hergestellt, da es in Deutschland unter das im Kaiserreich verbotene Glücksspiel fiel. Espelkamp, Museum Gauselmann

❸ 7/173 Die Geschichte des Spiels ist auch eine Geschichte amtlicher Verbote und kirchlicher Verfolgungen. Insbesondere Würfel und Karten — »des Teufels Gebetbuch« — sowie alle anderen »lüstleins« (Glücksspiele) um Geld waren der Inbegriff des Lasters. Petrarca schildert in seiner »Artzney bayder Glück« deren verderbende Folgen. Auf dem Stich bespuckt ein Spieler das Kreuz. Deutsches Spielkarten-Museum Leinfelden – Echterdingen

❻ 7/134 Schachfigur in Form eines Pferdes, Iran, 6.–7. Jahrhundert n. Chr. Staatliche Museen zu Berlin, Museum für Islamische Kunst

❼ 7/139/138 Zwei Spielsteine in Gestalt eines Turmes, 3. Jahrtausend v. Chr., und in der eines Löwen, um 3000 v. Chr. Staatliche Museen zu Berlin, Ägyptisches Museum und Papyrussammlung

Das Ballspiel in Mittel- und Zentralamerika in vorspanischer Zeit ist religiös-rituellen Ursprungs. In kosmologischer Deutung versinnbildlichte der Ball die Sonne. Mit der Hüfte und dem Gesäß wurde er hochgeschleudert und es galt, seinen Lauf nicht zu unterbrechen. Die besiegte Mannschaft wurde zeremoniell geopfert. Die bisher älteste Ballspielanlage wurde 1998 in Paso de la Amada, in der Soconusco-Region gefunden und um 1400 v. Chr. datiert. Staatliche Museen zu Berlin, Ethnologisches Museum

❽ 7/146 a) Opfermesser, 14./15. Jahrhundert

❾ 7/146 b) Steinjoch, 550–950 n. Chr. Zur Ausrüstung der Spieler gehörte ein hufeisenförmiger Hüftgürtel, vermutlich aus Holz oder Leder. Steinjoche könnten zu den Zeremonien nach dem Spiel getragen worden sein.

❸ 7/131 Steinernes Spielbrett des sogenannten Zwanzig-Felder-Spiels, 8.-7. Jahrhundert v. Chr., Staatliche Museen zu Berlin, Museum für Islamische Kunst

❹ 7/145 Zwei Krieger mit Speeren, die Rüstung zur Seite gelegt, sind in ein Spiel vertieft, als Athena zu ihnen tritt und sie zum Kampf zurückruft. *Auf einer Vasenmalerei mit gleichem Thema in Rom sind die Krieger mit Achilles und Ajax bezeichnet.* Staatliche Museen zu Berlin, Antikensammlung

❶ 7/133 Bodenfragment aus Samarra mit eingeritztem Mühlespiel, 9.-10. Jahrhundert n. Chr., Staatliche Museen zu Berlin, Museum für Islamische Kunst

❷ 7/140 Senet-Spielbrett und acht Spielsteine aus Ägypten, um 1500 v. Chr., Staatliche Museen zu Berlin, Ägyptisches Museum und Papyrussammlung

❺ 7/143 Der spätantike Spieltisch aus Ephesos ist für das Alea gedacht, ein römisches Spiel der Backgammon-Familie, das um Geld gespielt wurde. Wien, Kunsthistorisches Museum, Antikensammlung

❻ 7/141 Das ägyptische Mehen oder Schlangenspiel, Anfang des 3. Jahrtausends v. Chr. *Das in Europa bekannte spiralförmige Gänsespiel geht vermutlich hierauf zurück.* Staatliche Museen zu Berlin, Ägyptisches Museum und Papyrussammlung

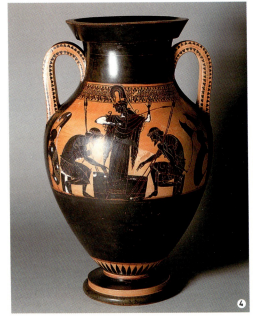

❼ 7/128 »Knöchelspielerinnen«. Das Marmorgemälde des Alexandros aus Herculaneum zeigt fünf Göttinnen. *Letho wird von Niobe und ihrer Tochter Artemis bedrängt, während Aglaia und Hileaia in das Astragalspiel vertieft sind.* Kopie aus dem Akademischen Kunstmuseum der Universität Bonn

❽ 7/130 Zwei Astragale aus Bronze, vermutlich römisch-vorchristlich. *Als Astragale, die zu den ältesten Spielzeugen der Menschheit gehören, bezeichnet man die kleinen Sprunggelenksknochen von Kälbern, Ziegen oder Schafen, die zwei breite und zwei schmale Seiten, eine konvex, die andere konkav ausgebildet, besitzen. Mit ihnen spielte man Würfel- und Geschicklichkeitsspiele. Vielfach wurden sie auch aus anderen Materialien wie Bronze, Holz, Gold oder Elfenbein hergestellt.* Privatbesitz

beim Brettspiel der Spielplan strukturiert und die Bewegung der Steine kontrolliert wird. ____ Das Ausgrenzen und Abmessen eines bestimmten Gebietes aus der Umwelt, in dem besondere Ordnungsprinzipien gelten, und das Zählen der darin befindlichen Gegenstände sind besonders für Ackerbauern und Viehzüchter von Bedeutung. Dies spräche dafür, dass das Brettspiel nicht vor der Jungsteinzeit entstanden sein kann. In diese Richtung weist vielleicht auch die Beobachtung, dass die Spielsteine zunächst und überwiegend Tiere und erst später den Menschen vertreten: In Mesopotamien, Ägypten, Griechenland und im Römischen Reich wurden die Spielsteine oft als »Hunde« bezeichnet, ja, in einer Spielregel des 2. Jahrhunderts v. Chr. wird der Name des Spiels aus den Königsgräbern von Ur als »Ein Rudel Hunde« angegeben, während die Spielsteine in der jüngeren Regel Vögel darstellen sollen. Und selbst in verschiedenen Schachvarianten tummeln sich allerhand Tiere, die da eigentlich gar nicht hingehören. ____ Das Brettspiel arbeitet demnach mit Zeichen, die für Gegenstände und Begriffe stehen. In dieser Hinsicht ist es mit der Schrift verwandt. Und vielleicht ist es kein Zufall, dass die frühesten Objekte, die mit Sicherheit als Brettspiele zu erkennen sind, aus der gleichen Zeit und der gleichen Gegend stammen, in der auch die Entwicklung der Schrift begann: nämlich aus Mesopotamien etwa gegen 3000 v. Chr. Die frühen Beispiele des *Senet-Spiels* aus Ägypten ❷ und insbesondere die *Zwanzig-Felder-Spiele* aus den Königsgräbern von Ur, die vor der Mitte des 3. Jahrtausends v. Chr. angefertigt wurden ❸, sind mit ihrem relativ komplizierten Spielfeld bereits ziemlich ausgereift. Wie lange dieser Entwicklungsprozess anzusetzen ist, lässt sich nur schwer sagen. Die Struktur des Spielplans des *Königlichen Spiels von Ur* weist allerdings eine auffällige Verwandtschaft mit Tempelgrundrissen der Uruk-Zeit auf, etwa mit dem Kalksteintempel der Schicht V von Uruk-Eanna. Dies spräche für eine Entstehung des Spiels in der Mitte des 4. Jahrtausends v. Chr. Andererseits zeigt das wohl älteste bisher bekannte ägyptische Spiel (3150–2740 v. Chr.), ein Spieltisch auf vier Beinen aus Ton mit einem Spielfeld aus drei mal sechs Feldern aus einem Grab bei Abydos (heute in Brüssel), viel rohere Formen. Viel weiter zurück reichen unsere gesicherten Funde von Brettspielen aber nicht. Die Zweckbestimmung von Steinplatten mit unregelmäßig angeordneten Mulden von verschiedenen Fundorten, die zwischen das 8. und 5. Jahrtausend v. Chr. datieren, muss offen bleiben. Ebenso ist es fast unmöglich, einen Spielstein, wenn er nicht gerade die Form eines Halmakegels hat, eindeutig als solchen zu identifizieren und von Talismanen, Token oder ähnlichem zu unterscheiden. Den archäologischen Quellen sind also zwei Probleme inhärent: Erstens sind sie nicht immer eindeutig interpretierbar und zweitens überliefern sie nur das, was materiell erhalten blieb. ____ Innerhalb der schriftlichen Überlieferung stellen die zahlreichen Legenden, die es in vielen Kulturen der Welt gibt, wichtige Quellen zum Ursprung des Brettspiels dar. Wir wollen hier nicht in die Falle tappen, diese Legenden als Reflexe tatsächlicher Begebenheiten anzusehen und den vermeintlichen »wahren Kern« darin ermitteln zu wollen. Es geht vielmehr um den Kontext, in den die Spiele und ihr Ursprung gestellt wurden. Es ist der gleiche, den ich gerade skizziert habe: In auffällig homogener Weise wird in den alten Hochkulturen die Entstehung des Brettspiels Göttern und Gelehrten zugeschrieben, die sich meist auch mit Schrift, Mathematik und Astronomie/Astrologie beschäftigen. So galt für Platon (*Phaidros* 274 D) etwa der ägyptische Gott des Wissens Thot, der auch die Sprachen und die Schrift erfand und die Zeit berechnete, als Erfinder des Spiels. Ein anderer griechischer Überlieferungsstrang nennt Palamedes, der die Würfel und wohl damit verbunden auch das Brettspiel – die

Griechen der archaischen und klassischen Zeit dachten an das *Fünf-Linien-Spiel* ❹ (s. 104) – während der Belagerung Trojas erfunden haben soll. Darüber hinaus soll der auch rhetorisch bewanderte Palamedes unter anderem Buchstaben, Maße, Gewichte und die Zeitrechnung erfunden sowie astronomische Berechnungen angestellt haben. In frühen persischen und indischen Legenden zur Entstehung des Schachs sind es stets Weise, die das Spiel für Könige oder Königinnen erfinden. Am bekanntesten ist wohl die Erzählung von der indischen Gesandtschaft am Hof des persischen Königs Khosrau I (531-579) im *Matikan-e Schatranj* und in Firdausis *Sâh-nâme* (entstanden 980-1010) ❷. Die Aufgabe, allein aus dem Spielbrett und den Spielsteinen den Sinn und die Regeln des Schachs zu ermitteln, vermochte nur Bozorgmehr, der Arzt, Philosoph und Berater des Königs, zu lösen. Damit nicht genug, soll er als Revanche das Backgammon mit seiner komplexen kosmologischen Symbolik entwickelt haben. Bozorghmehr ist kein Unbekannter: Er hat zum Beispiel auch das astrologische Werk des Vettius Valens ins Pahlavi übersetzt. Auch in der Erzählung von den Prinzen Gav und Talkhand sind es zwei Weise, die das Schach erfinden. Andere Erzählungen mit indisch-persischem Hintergrund nennen einen Gelehrten namens Sissa ben Dahir. Und in China soll der Kaiser Wu (561-578) ein Buch über das *Xiangxi* (»Symbolspiel«), ein offenbar komplexes, von Wahrsagespielen abgeleitetes astrologisches Spiel, das von manchen als möglicher Vorgänger des chinesischen Schach (*Xianqi*) betrachtet wird, verfasst haben. ____ Diese knappe Auswahl an Überlieferungen könnte problemlos vermehrt werden; stets ergibt sich das gleiche signifikante Bild. Das Spiel wird mit den höchsten zivilisatorischen Errungenschaften des menschlichen Geistes auf eine Stufe gestellt und deshalb mit Göttern und Menschen in Verbindung gebracht, die der Schrift, der Mathematik und der Astronomie/Astrologie kundig sind. Dies ist ein deutlicher Hinweis darauf, dass das Brettspiel kaum als verkleinerte Simulation von Schlachten, Jagden oder Wettläufen, sondern als mathematisch-numerologische und symbolische Struktur empfunden wurde. Dieser Zusammenhang ist keineswegs bloße literarische Fiktion. Jene drei Elemente gehören offenbar zur Natur des Brettspiels, doch nur zwei davon sind unmittelbar einsichtig: Die Schrift steht für das Zeichenhafte von Spielbrett und Spielsteinen; die Mathematik für das Zählen und Rechnen, Fähigkeiten, die für die Herstellung des Spielplans mit seiner festgelegten Zahl von Feldern, Linien oder Mulden und das Ziehen der Spielsteine, die in den frühesten Spielen ausnahmslos

»DAS LEBEN IST EIN SPIEL. mittels Würfeln, Wurfstäben, Knöcheln oder ähnlichem bewegt wurden, erforderlich sind. Nicht unmittelbar evident ist die dritte Komponente, die kosmologische. Jedoch haben auffallend viele

MAN MACHT KEINE GRÖSSEREN GEWINNE,
OHNE VERLUSTE ZU RISKIEREN« frühe Brettspiele eine astrologische oder transzendentale Bedeutung
Christina von Schweden (1626-1689) erfahren oder leiten sich aus Divinationstechniken ab, wie unter anderem schon die häufige Verwendung von Knochen als Spielmaterial – etwa Astragale ❽ (s. 104) – zeigt. Ägyptische Spiele wie *Senet* ❷ und *Mehen* ❻ (s. 104) symbolisieren den Weg der Totenseele zum ewigen Leben. Das *Zwanzig-Felder-Spiel von Ur* wurde im 2. Jahrhundert v. Chr. als Orakel gespielt. Dem chinesischen *Liubo* wohnt eine kosmologische, kalendarische und dämonologische Bedeutung inne. Die Griechen nannten die wichtigste Linie des 5-Linien-Spiels die »heilige Linie«. Im antiken Rom wurde der in drei Reihen zu je zwei mal sechs Feldern eingeteilte Spielplan des *XII Scripta* bzw. des *Alea* ❺ (s. 104), beides Vorgänger des Backgammon, mit Vergangenheit, Gegenwart und Zukunft sowie den sechs Abschnitten des menschlichen Lebens in Verbindung gebracht – eine Bedeutung, in der Spieltafeln dieses

كرو قرة شاه كند وابي اونه وار دى قزل اتله يكا سله كش ديه مات

اولورد لارا مجنكى قورتاردى اشبو شكله قزل غالب دالت اوبدن كش در

قرة شاه اوبن قر دن اولسه كش مات ايدردى پس هر كمسه كه بو منصوبه يه كو كلنده

حفظ ايده لجلاج زمان اوله وجمع شطرنج بازلر ايجنده مشهور

معروف اوله بو لعبله خصمنه غالب

❶ 7/149 Das Schachbuch des türkischen Dichters Firdausi, das 1503 vollendet und dem osmanischen Sultan Bayazid gewidmet wurde, enthält Schachprobleme, Schachaufgaben, Gedichte und Prosa. *Von den drei Miniaturen zeigt eine die badende Sirin, die vom Sassanidenprinz Khusrau entdeckt wird, jenem Prinzen, der nach der Legende das Schachspiel von Indien nach Europa gebracht hat.* München, Bayerische Staatsbibliothek

❷ 7/136 Der König lässt zwei Hofbeamte für sich zur Unterhaltung spielen. *Miniatur aus dem ›Buch der Könige‹ (Sāhnāme) des Firdausi (940-1020 n. Chr.), das in vielen Abschriften, wie mit der undatierten Handschrift dieses Blattes, verbreitet war.* Privatbesitz

		٣٥
بيدق	بيدق	
رخ	ات	
فيل		
رخ		

كاملىدى اولكوزل دلا دام هم

حفظ قل منصوب به سن سن جا نكه

7/166 *Das »Taktische Kriegs-spiel«, das der Domänen- und Kriegsrat Baron von Reiswitz 1812 für König Friedrich Wilhelm III. und dessen Söhne entwarf und anfertigen ließ, unterschied sich von allen vorherigen »Kriegsspielen« durch seinen an den Anforderungen der modernen Zeit abgemessenen Realitätsgrad, wie durch seine Grundlegung auf neuesten taktischen Methoden und Vorausberechnung ihrer Folgen. In der ausgeklügelten Variabilität und Regelung der Spielsituationen und Reaktionsmöglichkeiten kann es als ein Vorläufer heutiger digitaler taktischer Spiele gelten. Das einzige erhaltene Exemplar eines solchen Apparates wird heute im Schloss Charlottenburg verwahrt.* Potsdam, Staatliche Schlösser und Gärten Berlin-Brandenburg, Eigentum Haus Hohenzollern

❶ **Ansicht von vorn.** *In den Schüben war Spielmaterial wie Geländeformationen, Brücken, Truppenzeichen etc. untergebracht.*

❷ **Gesamtansicht der Rückseite mit aufgeklappter Tischplatte, auf der das Spielfeld aufgezeichnet ist.**

❸ **Detail des Spielfeldes mit Spielmaterial für Geländeformationen.**

❹ **Blick in eine Schublade mit Zirkeln, Maßstäben, Brücken, Schiffen und Truppenzeichen.**

❶

❷

❸

❷

❹

Typs von den frühen Christen als Grabplatten in den Katakomben verwendet wurden. Das Backgammon wurde in Persien als Sinnbild für die zwölf Tierkreiszeichen, die Tage des Monats, Tag und Nacht usw. gedeutet. Ein astrologisches Spiel auf kreisrundem Spielfeld wird von dem arabischen Gelehrten al-Masudi und dem persischen Lexikographen al-Amoli sowie dem spanischen König Alfons X. in seinem großen Werk über Spiele von 1283 beschrieben ❶ (s. 94). Es entstand vielleicht schon in römischer Zeit auf der Grundlage von Würfelhoroskopen. Und selbst das Schach, das nicht zu übersehende Verbindungen zu den magischen Quadraten aufweist, blieb von einer astrologischen Deutung, die die Spielfiguren als Planeten ansah, nicht verschont. Es scheint also eine tief verwurzelte, latente Verbindung zwischen dem Brettspiel und dem Transzendenten zu geben. Das Brettspiel bindet den Menschen in den Kosmos ein, verknüpft die Welt der Lebenden mit der der Toten einerseits und mit der Sphäre der göttlichen Mächte andererseits. Es dient als Modell, welches das Unaussprechliche in Worte fasst, das Unsichtbare anschaulich macht und das Unfassliche begreiflich werden lässt.

07_3)spiele am rande

der unberechenbarkeit ⎯⎯ PHILIPP VON HILGERS

Im Barock mag schon Leibniz, laut Heidegger, »die Fundamente für das vorausgedacht [haben], was heute als Denkmaschine nicht nur benutzt wird, was vielmehr die Denkweise bestimmt.« Indes schießen gerade in barocken Spielen Wissen und ihre Repräsentation zusammen. Dabei ist vor allem von Bedeutung, den Spielfiguren Mächte zu inkorporieren und damit Spielern die Maske der Souveränität zu verleihen. Die Legende des Schachs wird denn als Etablierung eines Hofstaats erzählt. Christoph Weickmanns *Newerfundenes Großes Königs-Spihl* von 1664 bringt sogar das Kunststück fertig, das Schachspiel um einen »Staats- und Kriegs-Rath« zu erweitern, das heißt: im Vergleich zum Schach um annähernd doppelt so viele Spielfiguren und um vierzehn Regelergänzungen ❸ und ❹ (s. III). Zudem treten bis zu acht Spieler oder, wenn man so will, Könige an. Man wird schwerlich frühere Belege dafür finden, dass Spielregeln nicht mehr nur überliefert, sondern gänzlich neu erfunden werden. Die Erfindungen zielen laut Weickmann nicht mehr allein auf »Kurzweil« ab, sondern bilden ein Kompendium »politischer und militärischer Regeln«. Womöglich ist das Spiel dem Soldatenkönig Friedrich Wilhelm I. in Potsdam zur Hand gewesen, als er den überkommenen Hofstaat um »Kriegs- und Domänenkammern« mit ihren höheren Beamten, den Kriegsräten, erweiterte. ⎯⎯

Taktisches Kriegs Spiel

Vor allem Mathematiker entleerten den barocken Baukasten von allem Ornament, trieben den Spielfiguren ihren Zauber aus, um sich nur die Berechnungen von Wahrscheinlichkeiten der vielfältigen Spielkonfigurationen zur Aufgabe zu machen. Noch die stolzesten Schachfiguren aus Elfenbein dürften im alphanumerischen Code der ersten posta-

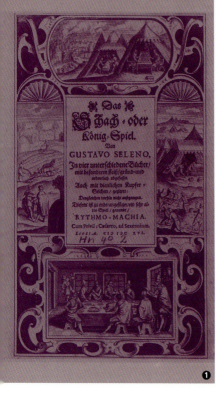

lisch ausgetragenen Partien verschwinden. In dem Maße, wie althergebrachte Spiele sich auf eine rein symbolische Ebene zurückziehen, können Spiele auf- kommen, die mit dem Reellen operieren. Einige preußische Offiziere begannen um 1800 verstärkt solche »uneigentlichen Spiele« zu erproben, unter ihnen auch Heinrich von Kleist. Was Kleist nach dem Ausscheiden aus der preußischen Armee an Kants Transzendentalphilosophie als Krise erfährt, ist, dass sich zwei Seiten nicht restlos aufklären lassen: So würden »grüne (Augen)-Gläser« anstel- le von Augen niemals preisgeben, dass die Dinge nicht durchweg selber grün sind. Mit anderen Worten: Filtertechniken geben sich zunächst genauso wenig zu erkennen wie die Kontingenzen, die sie ausblenden, um die Ordnung der Dinge erst hervorzubringen. Doch allein der Empirie verhaftete Sinnesorgane, das macht Kleists Beispiel auch klar, lassen sich in und als Techniken über- führen. _____ Aber Kleist wechselte bekanntlich von der Wissenschaft zu Wort-, Lust- und Trauerspielen und, wenig beachtet, zu Kriegsspielen. Kleists letzte und am Ende unerfüllte Hoffnungen gründeten auf seinem Wissen um Taktik und Kriegsspiele, derentwegen ihm König Friedrich Wilhelm III. ein Amt in seiner Leibgarde in Aussicht stellen ließ. Das mag weniger verwundern, wenn man sieht, dass ein besonderer, nämlich taktischer Kriegsspielapparat für den König just in Arbeit war. Ihn hat der Kriegsrat George Leopold Baron von Reiswitz entwickelt. Der Apparat räumte empirischer als alle seine Vorläufer des Kriegsschachspiels die Mög- lichkeit ein, eine Schlacht auf Kommandoebene vollständig zu simulieren ❶ - ❹ (s. 108) Er sollte unter Preußens Offizieren als erstes Schule machen. Reiswitz' Kriegsspiel übte eine ungeheure Ökonomisierung und Normierung der Kommunikation ein. Unter den anwe- senden Spielern zweier Parteien war die oberste Regel, sämtliche Nachrichten innerhalb einer Partei auf Schiefertafeln und nicht mündlich mitzuteilen. Damit konnte schon

pures Nichtschreiben für die Simulation von Laufzeiten der Nachrichten stehen. Von geografischen Räumen brauchte man nun nicht mehr zu wissen als die zeitlichen Daten, die die Systeme ihrer Überwindung oder optischen Erfassung lieferten. An zeitlichen Abläufen interessierte nur noch, was zum Zeitpunkt eines festgelegten zweiminütigen Takts Sache war. Schließlich wurde bei Erhalt einer Nachricht die Reaktionsdauer des Kommandeurs festgehalten und nicht anders verrechnet als feindliche Bewegungen im maßstabsgetreuen Raum des Spielterrains. So wie sich geschichtliche Daten und solche zukünftiger Szenarien dem Echtzeitsystem, das der taktische Kriegsspielapparat abgibt, zuführen ließen, transformierte sich auch der klassische Feldherrnhügel in eine Schreib- stube. _____ Reiswitz' Kriegsspiel hat vorgemacht, wie man beliebige Abläufe in Schritte zerlegt und dabei solche Schritte, die gleichzeitig geschehen, abwechselnd, das heißt pseu- doparallel ausführt. Wo immer heute digitale Systeme laufen, ist das Verfahren gängige Praxis. Aber erst Forschungen und Theorien, wie sie im besonderen Maße der amerikani-

sche Ingenieur und Mathematiker Claude Shannon besorgte, haben digitale Systeme durchweg berechenbar gemacht. Noch an den Verschlüsselungstechniken des Zweiten-Weltkrieges entdeckten Shannons Kryptoanalysen ein simples Null-Summen-Spiel. Ihm obläge es, den Modus zu erschließen, der Klartext in Chiffren überführt. Ein Kollege Shannons bot nach dem Zweiten Weltkrieg eine Maschine auf, die die Entscheidungen menschlicher Gegenspieler, die auf *Grad* oder *Ungrad* setzten, mit erstaunlicher Genauigkeit vorhersagte. Ihr stellte Shannon eine einfachere, effizientere Maschine namens *Mind-Reading (?)-Machine* entgegen. Dass Shannons *Mind-Reading (?)-Machine* über die Vorher-

sage einer binären Zeichenfolge nicht hinausging, wird an der damals notorischen Speicherknappheit wie am Mangel elektronischer Textdaten – wie sie heute das Internet in Hülle und Fülle beschert – gelegen haben. Wollte man mit Andrej Andrejewitsch Markovs stochastischem Prozess, dem Shannon innerhalb der Nachrichtentechnik zu neuem Ruhm verhalf, ganze Texte generieren, musste man zum alten Medium Buch greifen. Shannon hat das Verfahren beschrieben: Man schlage ein Buch an einer beliebigen Stelle auf und wähle blindlings ein Wort. Danach schlage man das Buch erneut an irgendeiner Stelle auf und suche, bis man das zuvor ausgewählte Wort gefunden hat. Das ihm nachfolgende Wort füge man dem zuvor ausgewählten an. Wiederholt man die letzten beiden Schritte, dann entstehen Texte, die vom Autor nur die Übergangswahrscheinlichkeiten seines Vokabulars übrig lassen. ——— In die *Mind-Reading-Machine II* (s. 60) , die für die Millenniums-Ausstellung in Berlin entwickelt wurde, sind Technologien eingezogen, die Shannon maßgeblich theoretisch begründete. Die *Mind-Reading-Machine II* projiziert Textpartikel, die sich vor verrauschten Texturen abheben wie Signale vom Rauschen. Dabei verfolgt das System mittels einer *eye gaze tracking unit* den Blick eines Probanden und damit sein Begehren. Wird der Blick von einem bestimmten Wort,

CUM DEUS CALCULAT FIT MUNDUS: das mit anderen gleichen Kontexten konkurriert, angezogen, so
»WENN GOTT RECHNET, WIRD WELT« ist es schon selektiert – möglicherwei-
ODER se sublimal – und wird notiert. Nach erfolgter Selektion werden automa-
»WÄHREND GOTT SPIELT, WIRD WELT« tisch neue Kontexte aufgerufen und jedesmal die
Martin Heidegger Blickwahl festgehalten. Der Proband kann anschließend seine »fixierten« Gedanken nach-

lesen. Frei nach Jacques Lacan wird umso mehr möglich, dass Systeme den noch nicht ausgesprochenen Satz eines Gegenübers ohne dessen Wissen freilegen, der auf lange Sicht seine Wahlakte moduliert. Kurzum: vor Fenstern (um nicht die Schutzmarke »windows« zu schreiben) aus Flüssigkristall oder Braunschen Röhren und Kameraobjektiven wird Lesen, Schreiben und Vorhersagen so berechenbar wie eins.

das labyrinth – spiel des wissens

——— PETER BERZ

Die abgeschlossene, in sich zurücklaufende Figur aus verschachtelten Mäandern, die drei Jahrtausende lang als »Labyrinth« überliefert wird, scheint nur eine müßige Spielerei griechischer Geometrie und Schriftgeschichte zu sein. Ihr erstes Zeugnis ist ein Tontäfelchen aus dem sogenannten Archiv des Nestorpalastes in Pylos, der im zweiten vorchristlichen Jahrtausend abbrannte. Ein gelangweilter Schreiber ritzte auf die eine Seite des Täfelchens in der frühen Buchstabenschrift *Linear B* eine Liste, die Namen, Zahlzeichen und Ziegen einander zuordnet; auf die andere ritzte er jene Labyrinthfigur ❶ . Doch bereits in der Mythologie wird aus dem geometrischen Gebilde die Figur einer Gegnerschaft. Daidalos, der Baumeister des Königs Minos, habe für den Tiermenschen Minotaurus einen sagenhaften, »Labyrinth« genannten Bau entworfen. Theseus, der Königssohn aus Athen, muss zum Kampf mit dem Ungeheuer in den Bau hinein- und nach dem Kampf wieder herausfinden. Weil Daidalos allein den Weg durch den Bau weiß, greift Theseus zu jenem Faden-Trick, den ihm Minos' Tochter Ariadne verrät. Auf Delos soll Theseus schließlich zum Dank für die Rettung im Reigen durch die auf den Boden gezeichnete Labyrinthfigur getanzt sein. ——— Das griechische Labyrinth wird durch die ganze Antike und Spätantike hindurch bis ins christliche Mittelalter überliefert. In der Mitte thronen Minotaurus/Teufel oder Theseus/Christus. Die Figur, umkonstruiert zu konzentrischen Kreisen, wird oft als Mosaik in die Böden von Kathedralen eingelassen ❷ (s. 114). Der Pilger, der die Kirche betritt, folgt den Linien, in ambulatorischem Vollzug zur göttlichen Mitte schwingend und von ihr weg. Die Versenkung in den Weg ist Versenkung in ein göttliches Wissen, das

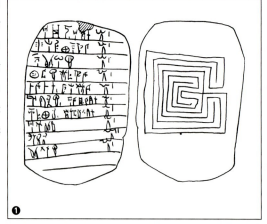

❶ **Skizze der Vorder- und Rückseite eines antiken Tontäfelchens aus Pylos.** Athen, Nationalmuseum
❷ **Schematische Darstellung des Shannon-Labyrinths und der Strecke, die die Metall-»Maus« darin zurücklegt** *a*) **bei der ersten Begehung und** *b*) **nach »Einprägung« des richtigen Weges.** Die Grafik stammt aus dem ›Lexikon der Kybernetik‹, Berlin 1982

alle irdischen Wege entwirft. ——— Als während des 16. Jahrhunderts im *Handbuch über Kriegsmaschinen* des Baumeisters Giovanni Fontana zum ersten Mal ein Labyrinth aus Irrwegen und Sackgassen auftaucht, gehen Wissen und Nicht-Wissen über Wege in reale Gegnerschaften ein. Fontanas Kriegsmaschine aus Mauern soll eine feindliche Intelligenz täuschen. Um keinem Feind das Wissen auch nur um das Prinzip des Labyrinths zu verraten, ist die Erläuterung der Zeichnung in Geheimschrift verschlüsselt: »De laberintis non datur ordo ...« (»von den Labyrinthen lässt sich keine Ordnung angeben; in ihnen gibt es verderbliche Wege und glückliche, Finsternisse, das Durcheinander schrecklicher Umwege, Kreisbahnen und Irrwege«) ❸ (s. 114). ——— Dass Gott selbst täuscht, kann allerdings auch diese Ordnungslosigkeit mitten in der sich auflösenden Welt des mittelalterlichen Ordo nicht glauben. Erst Descartes' Gott schickt das denkende Subjekt in eine Blindheit, in der Irren zum Sich-Verirren und Wahrheit zum Weg wird, zur Methode (von *hódos*, der Weg, im Unterschied zu *kéleuthos*, der schnellen Bahn). Wenn Reisende sich im Wald verirren, so gibt es nach Descartes nur eine Methode oder Strategie, zum Ausgang zu kommen, und das ist: überhaupt eine Methode oder Strategie zu haben. Die Gärten des Barock erproben solche Ratschläge als Spiel einer Gesellschaft denkender Subjekte. Ein Heckenlabyrinth des 17. Jahrhunderts birgt im Ziel, der Mitte, einen Turm, auf den der Spieler zur Belohnung steigt, um den eben durchlaufenen Weg von oben zu betrachten – als Wissender. Im Labyrinth also umkreisen sich Wissen und Nicht-Wissen. Auch wenn nur ein einziger möglicher Weg durch die auf engstem Raum komprimierte Wegstruktur führt: einer weiß und baut den Weg, der andere durchläuft ihn; der eine überblickt die Struktur von oben, der andere steht in ihr. _____ Das 19. Jahrhundert wird im, mit Hegel gesprochen, »Irrgewinde« dieses Spiel des Wissens selbst verzweigen: Erstens in mathematische, kombinatorische Spielereien mit Wegen, die Euler persönlich inaugurierte; zweitens in Wissenschaften, die die Position Gott/Mensch auf die Position Mensch/Tier abbilden. Die Tiere heißen Hund, Maus, Ratte. Der Mensch hat einen weißen Kittel an und verwaltet ein Labor. Iwan Petrowitsch Pawlow implementiert zwar seinen Hunden lediglich Gleichzeitigkeit (Klingel und Fleisch) als Wenn/Dann-Bedingung (wenn Klingel oder Fleisch, dann Speichelfluss). Doch schon Pawlows amerikanische Kollegen wie Edward Thorndike werden ganze Sequenzen bedingter Reflexe als »Animal Intelligence« ansprechen. Mäuse, die den kürzesten Weg durch ein Labyrinth finden und ihn sich merken, spielen aber nicht. Sie lösen »ein Problem«, weil sie ausgehungert wurden. _____ Als 1952 der amerikanische Nachrichtentheoretiker Claude Elwood Shannon den versammelten Größen einer jungen Wissenschaft namens Kybernetik eine »labyrinthlösende Maschine« vorstellt, ordnen

sich alle diese Vorgeschichten neu an. Die berühmten Teilnehmer der *6th Macey Conference for Cybernetics* – Norbert Wiener, Julian Bigelow, Margaret Mead, Heinz von Förster, u. a. – erkennen Shannons Maschine sofort als Maus. Shannon selbst tauft sie auf den Namen *Theseus*. Der Faden, der diesen TierMaschinenHelden führt, ist eine Reihe

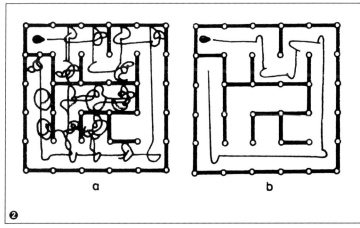

von Relais, die Sequenzen veränderbarer Wenn/Dann-Verzweigungen schalten. _____ Shannons Automat, bestückt aus dem Arsenal des Telefongiganten Bell Laboratories, konstruiert nicht nur Theseus, sondern die Positionen selbst des Kampfes von Daidalos gegen Theseus. Die Labyrinth-Anordnung ist auf 25 Felder und 20 variable, nach Maßgabe der Felder verschiebbare Mauern reduziert. Die wissende Intelligenz des Baumeisters, der *über* dem Labyrinth steht wie etwa Shannon auf einem bekannten Photo, baut Mauern, setzt die Maus aus und beobachtet ❶ (s. 114). Die Intelligenz, die *im* Labyrinth steht, genannt Maus alias Theseus, kann sich bewegen, das Labyrinth in den vier und nur vier Himmelsrichtungen be- und erfahren; ihr Sensorium erkennt Mauern als Mauern und weicht nach Aufprall zur Mitte eines Feldes zurück. Dort trifft sie eine neue Entscheidung. Weil sie Mauern, befahrene Wege, Rückkehr speichert, heißt »entscheiden«: ihren Speicher nach Maßgabe von Wenn/Dann-Verzweigungen auszuwerten. Die Entscheidungen folgen zwei Strategien oder Methoden. Die eine, genannt »Erkundungs-Strategie«, ist anwendbar zur Erforschung noch nie durchlaufener Teile des Labyrinths. Die andere, genannt »Ziel-Strategie«, findet einen bereits gefundenen, erfolgreichen Weg wieder – ohne ein einziges Mal irre zu gehen. Die Kybernetiker, über Shannons Maschine gebeugt, sagen: der Automat »lernt«. Kybernetiker aber lernen, indem sie mit Automaten spielen, etwa Mauern verändern, während die Maus durchs Labyrinth läuft; oder ein neues Labyrinth bauen, wenn die Maus gerade die Strategie des Wiederfindens eingeschlagen hat. Der täuschende Gott oder *deus malignus* im Gewand des Versuchsleiters kann provozieren, dass die Maus schließlich endlos im Kreis rennt. Ein Konferenzteilnehmer: »Aha, eine Neurose.« Shannon: »Ja. Die Maschine hat jedoch einen eingebauten antineurotischen Schaltkreis ... .«   Die Intelligenz in Shannons Maus ist algorithmisch. Wie alle Labyrinthlösungen seit dem 19. Jahrhundert arbeitet sie eine Folge von Vorschriften ab: vorangehen, zurückgehen, Markierungen setzen, verändern, auswerten. Die Grenzen dieser Intelligenz liegen im Unendlichen. Bestand für Leibniz das Problem des Unendlichen selbst aus zwei Labyrinthen (das erste hieß Infinitesimalrechnung, das zweite Freiheit), so stellt das unendliche Labyrinth eine Rätselfrage, in der das Ziel nur eine Kreuzung oder ein Feld nah und trotzdem unauffindbar sein kann. Moderne Algorithmen, die sich kombinatorisch vollständig und konzentrisch durchs Labyrinth arbeiten, lösen dieses Problem zwar. Doch sie handeln sich ein anderes ein: das der Zeit. Algorithmen, deren Komplexität in der Zeit *(time complexity function)* mit der Größe des Problems, der Anzahl der Wege und Kreuzungen im Labyrinth, exponentiell (also nach $2n$) wächst, heißen kurzerhand »schlecht«. Bräuchte die Lösung eines Labyrinths mit zehn Kreuzungen etwa zehn Millisekunden, so bräuchte die eines Labyrinths mit dreißig Kreuzungen 17,9 Minuten, mit fünfzig 35,7 Jahre, mit sechzig aber 366 Jahrhunderte.   Von Theseus/Held bis Theseus/Automat, vom Algorithmus, der automatisch den kürzesten Weg durch ein Telefonnetz schaltet oder ein Datenpaket durch die globale Wissensordnung des Internets schleust, bis zu einer allgemeinen Computerwissenschaft der Komplexitäten spielen Labyrinthe an den Rändern des Wissens.

❶ **Der amerikanische Ingenieur und Mathematiker Claude E. Shannon mit seinem Labyrinth, dessen flexible Wände immer neu variiert werden.** *Mit diesem Foto stellte er 1952 seine »Labyrinth-Lösungs-Maschine« auf einer Kybernetik-Konferenz vor.*
❷ **Die Zeichnung stammt aus dem berühmten ›Bauhüttenbuch‹ (um 1230) von Villard de Honnecourt und stellt eine seitenverkehrte Kopie nach dem Labyrinth von Chartres dar.** *Das Labyrinth galt generell auch als Metapher für großartige Architekturleistungen, als Symbol der Kathedrale, in der es sich befand.* Paris, Bibliothèque nationale de France
❸ **Entwurf für ein rechteckiges Labyrinth aus dem ›Handbuch über Kriegsmaschinen‹ des venezianischen Arztes Giovanni Fontana.** *Die Darstellung aus der Pergamenthandschrift entstand wohl um 1420 und kann aufgrund der verschiedenen »blinden« Wege zu den frühesten Irrgarten-Darstellungen zählen.* München, Bayerische Staatsbibliothek

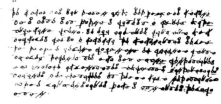

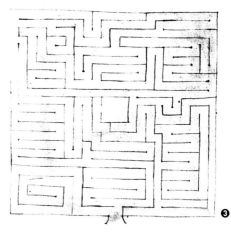

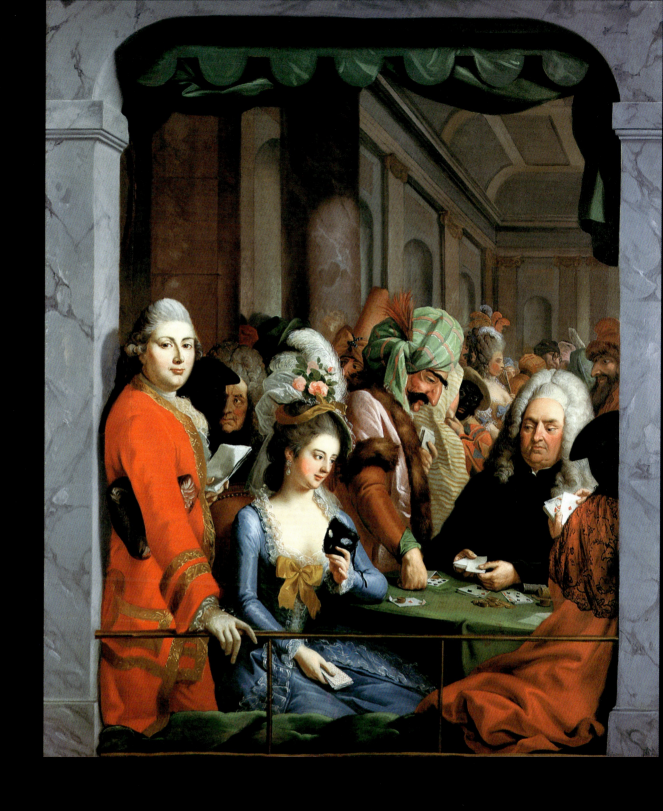

7/168 In seiner »Maskenszene mit Kassler Persönlichkeiten« (1780/85) hat Johann Heinrich
Tischbein d. Ä. das Masken- mit dem Glücksspiel der Karten zusammengebracht und fein mit
der bühnenhaft inszenierten höfische Atmosphäre verwoben. Kassel, Neue Galerie

→ **Ägypten**

Kairo
Mounir Al Shaarani

→ **Belgien**

Gent
Stedelijk Museum voor Actuele Kunst
Zedelgem-Loppem
Fondation J. van Caloen – Château de Loppem
Oostende
Museum voor Schone Kunsten

→ **Deutschland**

Aachen
Bibliothek der RWTH Aachen
Augsburg
Stadtarchiv Augsburg
Berlin
Alte Asiatische Kunst G. Venzke
Computerspiele Museum Berlin (im Förder-
verein für Jugend- und Sozialarbeit e. V.)
Freie Universität Berlin
_ Zentraleinrichtung Botanischer Garten und
  Botanisches Museum Berlin-Dahlem
Staatliche Museen zu Berlin
_ Ägyptisches Museum und Papyrussammlung
_ Antikensammlung
_ Ethnologisches Museum (Amerikanische
  Archäologie, Süd- und Südostasien)
_ Kunstbibliothek
_ Kunstgewerbemuseum
_ Kupferstichkabinett
_ Museum für Indische Kunst
_ Museum für Islamische Kunst
_ Museum für Spätantike und Byzantinische
  Kunst
_ Nationalgalerie
_ Vorderasiatisches Museum
_ Staatsbibliothek zu Berlin – Preußischer
_ Kulturbesitz
_ (Abteilung Historische Drucke, Benutzungs
  abteilung, Handschriftenabteilung, Kinder-
  und Jugendbuchabteilung, Orientabteilung)
Stiftung Archiv der Akademie der Künste,
Kunstsammlung
Bonn
Akademisches Kunstmuseum
_ Antikensammlung der Universität Bonn
Braunschweig
Herzog Anton Ulrich-Museum
Darmstadt
Wella AG
Dresden
Sammlung Schwarzkopf im Deutschen
Hygiene-Museum Dresden
Stiftung Deutsches Hygiene-Museum
Dresden, Sammlung
Gemäldegalerie Alte Meister,
Staatliche Kunstsammlungen Dresden
Düsseldorf
Katharina Sieverding
Erlangen
Institut für Geschichte der Medizin

Espelkamp
Museum Gauselmann, Espelkamp
Frankfurt am Main
Städtische Galerie
im Städelschen Kunstinstitut
Hamburg
Museum für Kunst und Gewerbe
Ingolstadt
Deutsches Medizinhistorisches Museum
Ingolstadt
Karlsruhe
Badisches Landesmuseum Karlsruhe
Museum für Neue Kunst • Z K M Karlsruhe
Universität Karlsruhe (TH)
_ Institut für Technik der Informations-
  verarbeitung
Kassel
Staatliche Museen Kassel
Köln
Museum für Ostasiatische Kunst
Rautenstrauch-Joest-Museum / Museum
für Völkerkunde
Königstein
Dr. Thomas H. Thomsen
Leinfelden-Echterdingen
Deutsches Spielkarten-Museum, Zweigmuseum
des Württembergischen Landesmuseums
Stuttgart
Leipzig
Medizinhistorische Sammlung des
Karl-Sudhoff-Instituts für Geschichte
der Medizin und der Naturwissenschaften,
Leipzig
Museum der bildenden Künste Leipzig
Museum für Völkerkunde zu Leipzig
München
Bayerische Staatsbibliothek
_ Abteilung für Handschriften und
  Seltene Drucke
Bayerisches Nationalmuseum
Museum für Abgüsse Klassischer Bildwerke
München
Nürnberg
Germanisches Nationalmuseum
Oldenburg
Landesmuseum Oldenburg
Potsdam
Stiftung Preußische Schlösser
und Gärten Berlin-Brandenburg
Haus Hohenzollern, Nachlass SKH Dr. Louis
Ferdinand Prinz von Preußen
Stuttgart
Linden-Museum Stuttgart
Württembergisches Landesmuseum Stuttgart
Ulm
Stadtbibliothek (StB) Ulm
Ulmer Museum
Wolfenbüttel
Herzog August Bibliothek Wolfenbüttel

→ **Finnland**

Helsinki
Didrichsen Art Museum

→ **Frankreich**

Besançon
Musée des Beaux-Arts et d'Archéologie
Paris
Bibliothèque nationale de France
_ Département des Manuscrits
_ Département des Réserves
Musée du Louvre
_ Département des Peintures

→ **Großbritannien**

London
The British Library
_ The Manuscript Collection
The British Museum
_ Department of Egyptian Antiquities
_ Department of Greek and Roman Antiquties
_ Department of Medieval and Later Antiquities
_ Department of Western Asiatic Antiquities

→ **Italien**

Florenz
Casa Buonarroti
Museo degli Argenti

→ **Niederlande**

Amsterdam
Rijksmuseum, Amsterdam

→ **Österreich**

Wien
Kunsthistorisches Museum Wien
_ Ägyptisch-Orientalische Sammlung
_ Antikensammlung
_ Gemäldegalerie
Museum für Völkerkunde Wien
_ Insulares Südostasien
Sigmund Freud-Museum

→ **Republik Benin**

Porto Novo
Romuald Hazoumé

→ **Russische Föderation**

St. Petersburg
Staatliche Eremitage / The Hermitage

→ **Schweiz**

Zürich
Kunstsammlung der Stadt Zürich

→ **Spanien**

Madrid
Colección del Banco de España
Museo Arqueológico Nacional
Museo del Prado

→ **Ungarn**

Budapest
Szépmüvészeti Múzeum
(Museum der bildenden Künste)

→ **USA**

San Diego, CA
San Diego Museum of Art

Sowie private Leihgeber, die nicht
genannt werden möchten

→ traumkino

7/1 Menschliche Figur mit Eulenmaske (Steigbügelgefäß)
Peru, Moche-Kultur, 1.–9. Jh. n. Chr. | Ton, farbig bemalt | H ca. 15 cm | Staatliche Museen zu Berlin, Ethnologisches Museum, Amerikanische Archäologie | Inv. VA 64 339

7/2 a-p Ethnographica der Senoi, Malaysia
1930er Jahre | Museum für Völkerkunde zu Leipzig | Sammlung Schebesta | Inv.: Sas 11079 a-d, Sas 11082, Sas 11049, Sas 11047, Sas 11071, Sas 11069, Sas 11068, Sas 11075, Sas 11076, Sas 11078, Sas 11086, Sas 11063, Sas 11087, Sas 11041, Sas 11046, Sas 11050
a) Wickelrock, Hüftschmuck aus wohlriechendem Gras | L ca. 50 cm **b)** Maultrommel **c)** Nasenflöte aus Bambus | Dm 1,7 cm, L 25 cm **d)** Bambusflöte | Dm 1,5 cm, L 48 cm **e)** Zwei Armringe aus Rotang | Dm 9,5 cm und 5,5 cm **f)** Täschchen mit Deckel | geflochten, für Genussmittel | 5,5 x 5 cm **g)** Täschchen mit Deckel | geflochten, für Genussmittel | 6,5 x 7 cm **h)** Täschchen, gelb gemustert bemalt | 17 x 15,5 cm **i)** Tasche mit gelber Bemalung | unten durchbrochen und mit Fransen | 36 x 19,5 (unten) und 36 x 15,5 cm (oben) **j)** Sack, weiß-rot geflochten | 44 x 36,5 (unten) und 44 x 22 cm (oben) **k)** Rührstab oder Kochlöffel | ornamentiert am Ende | L 84 cm **l)** Reisworfel mit Blattgeflecht | 73 x 49 cm **m)** Blasrohr, ornamentiert | unten mit Harz bestrichen | L 208 cm **n)** Blasrohr | Oberteil reich ornamentiert | L 192 cm **o)** Hochspeer mit Eisenspitze, die mit einem Rohr festgebunden ist | L Schaft 173 cm, Spitze 32,5 cm **p)** Stab aus Malakkarohr | am Ende keulenartig verdickt | L 107 cm

7/3.1-3.29 Ethnographica der Senoi, teilweise der Semang, Malaysia
1930er Jahre | Museum für Völkerkunde Wien | Sammlung Schebesta (Inv. 96...) und Sammlung Cerruti (Inv. 52...) (Inv.: 52.576, 96.672, 52.590, 96.518, 52.533, 96.601, 52.555, 52.556, 96.725, 96.500, 52.303, 52.301, 52.299, 52.296, 52.331, 52.340, 52.308, 52.370, 52.348, 96.706, 52.514, 96.575, 96.579, 52.214, 52.223, 52.231, 96.718, 96.521, 52.604)
1) Lendenschurz | Baststoff, weiß | H 42 cm, Dm 33 cm **2)** Gürtelreifen | Rattan, geometrisches Ritzdekor | Dm 32 cm **3)** Frauenhüftgürtel aus schwarzen Schnüren | Gezwirnte Fibern einer Palmart | H 4 cm, Dm 32 cm **4)** Kopfreifen | Zwei dünne geflochtene Ringe | Dm ca. 20 cm **5)** Stirnband | Baststoff, weiß, mit gestempelten Rautenmotiven, an den Enden Quasten | L 190 cm, H u. B 6,5 cm doppelt **6)** Oberarmband mit Muschel, Halsschnur | Semang-Senoi | Muschelschalen an Pflanzenfaserschnur | Dm 10 cm, 25 cm kreisförmig gelegt **7)** Ohrpflock | Bambus mit geometrischem Ritzdekor, gefüllt mit Blättern und Gräsern | L 10,5 cm, Dm 4,4 cm **8)** Ohrpflock | Bambus mit geometrischem Ritzdekor, gefüllt mit Blättern und Gräsern | L 10,5 cm,
Dm 4,0 cm **9)** Halsschnur | Senoi-Ple | Hiobstränen und schwarze Fruchtkerne/samen auf Pflanzenfaserschnur | L 56 cm doppelt **10)** Halsschnur | Senoi-Ple | Hiobstränen auf Pflanzenfaserschnur | L 78,5 cm doppelt **11)** Haarpfeil (Haarnadel) | Bambus, lyraförmiges Ende mit geometrischem Ritzdekor | L 22,3 cm, Dm 2,6 cm **12)** Haarpfeil | Bambus, mit geometrischem Ritzdekor, gefüllt mit Blättern und Gräsern | L 24,5 cm, B 3,9 cm **13)** Haarpfeil | Bambus, mit pflanzlichem Ritzdekor | L 19,1 cm, B 2,4 cm **14)** Haarpfeil | Bambus, mit geometrischem Ritzdekor, gefüllt mit Blättern und Gräsern | L 24,5 cm, B 1,7 cm **15)** Kamm | Bambus, lyraförmiges Ende mit pflanzlichem Ritzdekor | L 21 cm, B 3,6 cm **16)** Kamm | Bambus, mit geometrischem Ritzdekor | L 19,5 cm, B 4,0 cm **17)** Kamm | Bambus, mit geometrischem Ritzdekor | L 17,8 cm, B 4,0 cm **18)** Kamm | Bambus, mit fischschuppenähnlichem Ritzdekor | L 14,7 cm, B 4,7 cm **19)** Kamm | Bambus, geometrisches und pflanzliches Ritzdekor | L 11,8 cm, B 4,7 cm **20)** Querflöte (vermutlich auch Nasenflöte) Senoi-Ple | Bambus, beide Enden geschlossen, 1 Anblasrohr und 3 Grifflöcher | L 52 cm, Dm 1,5 cm **21)** Längsflöte (Nasenflöte) Bambus, geometrisches Ritzdekor, Oberkante mit Schneide, 4 Grifflöcher, halbgedackt | L 38 cm, Dm 1,8 cm **22)** Bambusgefäß zum Kochen | Semang | L 74 cm, Dm 4,0 cm **23)** Spatel zum Kochen | Semang | Bambus, geometrisches Ritzdekor | L 84 cm, B 3 cm **24)** Blasrohr | Rohr mit geometrischem Ritzdekor | Mundstück aus Holz | L 185 cm, Dm 5,0 cm **25)** Blasrohr | Bambus, geometrisches Ritzdekor | Mundstück aus Harz, Pflanzenfaserumwicklung | L 217 cm, Dm 3,5 cm **26)** Blasrohrköcher mit Pfeilen | Bambus, geometrisches Ritzdekor | L 40 cm, Dm 11,5 cm **27)** Blasrohrköcher ohne Pfeile | Bambus, geometrisches Ritzdekor, gefüllt mit Gräsern und Blättern | L 30 cm, Dm 6,8 cm **28)** Speer | Senoi-Temiar | Holzschaft, Bambusspitze mit Rattan befestigt | L 214 cm, B 6,0 cm **29)** Matte | Palmblattstreifen, Diagonalgeflecht, mit braunrotem diagonalem Karomuster | 158 x 54 cm

7/4 Allegorie des menschlichen Lebens (Der Traum)
Unbekannter Künstler | 16. Jh. | Nach einer Zeichnung von Michelangelo Buonarroti | London, Courtauld Institute Collection, Sammlung Graf Anton Seilern | Öl auf Holz | 68,5 x 55 cm | Florenz, Casa Buonarroti (Gallerie 1890, Nr. 5411)

7/5 Der Traum Jacobs
Um 1619 | Domenico Fetti (1588/89–1623) | Pappelholz | 60,5 x 44,5 cm | Kunsthistorisches Museum Wien, Gemäldegalerie

7/6 Der Traum
ca. 1506–1508 | Marcantonio Raimondi (um 1480–um 1534) | Kupferstich | 23,6 x 33,5 cm | bez. o.L: MAF | Delaborde 1761 | Staatliche Museen zu Berlin, Kupferstichkabinett

7/7 Herkules am Scheideweg
um 1510 | Giacomo Pacchiarotto (1474–um 1540) | Tempera auf Leinwand, montiert auf Holz | 67 x 156 cm | Budapest, Szépmüvészeti Múzeum (Museum der bildenden Künste)

7/8 Liegender Putto als Somnus mit Mohnblume in der Rechten
Römisch, 1.–2. Jh. n. Chr. | Marmor/Grabmalsplastik | Inschrift auf dem Schenkel | 18 x 46 cm | Staatliche Museen zu Berlin, Antikensammlung (Inv. SK 143)

7/9 Statuette des Somnus
Gallo-römisch | Bronze, Silber (Reif um den Hals) | H 16 cm | Besançon, Musée des Beaux-Arts et d'Archéologie (Inv. 849.1.2)

7/10 Statue des Somnus
Römisch, klassizistisch, 1. Jh. v. Chr. | Marmor, weiß | H 115 cm | Madrid, Museo del Prado, Sammlung Ildefonso (Inv. E-84)

7/11 Weihrelief an Asklepios
Ende 5./Anfang 4. Jh. v. Chr. | Fundort: Piräus, Asklepieion | Gipsabguss des Originals in Piräus, Archäologisches Museum | 41 x 78 cm | München, Museum für Abgüsse Klassischer Bildwerke (Inv. 719)

7/12 Weihrelief an Amphiaraos
Ende 5. Jh. v. Chr. | Fundort: Amphiareion Oropos oder Athen | Gipsabguss des Originals in Athen, Nationalmuseum | 52 x 54 cm | Inschrift auf der Standleiste in griechisch: »Archinos hat es dem Amphiaraos geweiht« | Erlangen, Institut für Geschichte der Medizin

7/13 Erster Traum des Gilgamesch-Epos über die nahende Ankunft von Enkidu
Tafel aus dem Gilgamesch-Epos | Tafel 1, Spalte 5 und 6, Zeile 26–40 | Keilschrift | Nordmesopotamien, neuassyrisch, 668-627 v. Chr. | Ton, gebrochen | 13,1 x 14,3 cm | London The British Museum, Department of Western Asiatic Antiquities (Inv. K 231)

7/14 Der Alptraum
1883 | Max Klinger (1857–1920) | Feder in Tusche auf Papier | 41,8 x 25,8 cm | Museum der bildenden Künste Leipzig (Inv. I 1792)

7/15 Der Koloss (Prometheus)
Vor 1818 | Francisco de Goya (1746–1828) | Aquatinta mit Polierstichel geschabt | 28,5 x 20,6 cm | Delteil 35; Harris 29 | Staatliche Museen zu Berlin, Kupferstichkabinett

7/16 Der Alp verläßt das Lager zweier schlafender Mädchen
1793 | Johann Heinrich Füßli (1741-1825) | Öl auf Leinwand | 89 x 113 cm | Kunstsammlung der Stadt Zürich (Inv. 2751)

7/17 Der Schlaf der Vernunft gebiert Ungeheuer
Aus: Caprichos, 1799, Blatt 43, 1797/98 | Delteil 80; Harris 78 | Francisco de Goya (1746–1828) | Radierung und Aquatinta | 21,5 x 15 cm | Staatliche Museen zu Berlin, Kupferstichkabinett

7/18 Fragment des Traumbuchs von Ken-herkhepeshef, sog. Chester-Beatty-Papyrus
Theben (Ägypten) | ca. 1200 v. Chr. | Papyrus, schwarze Schrift | ca. 35 x 172 cm | London, The British Museum, Department of Egyptian Antiquities (Inv. EA 10683)

7/19 Sam fragt die Mubads nach der Bedeutung seines Traumes
Miniatur aus dem »Sâh-nâme« des Firdausi | vollendet 6. Juli 1605 (27. Juni 1014 islam. Zeitrechnung) | Blatt 160b | Papier, in Leder gebunden | 764 Blatt | 67 Miniaturen, 14 ornamental illustrierte Seiten | 36 x 24,5 cm | Staatsbibliothek zu Berlin – Preußischer Kulturbesitz, Orientabteilung (Ms.or.fol. 4251)

7/20 Traumbuch des Ibn Sirin von 1718
Abschrift einer arabischen Handschrift in 30 Kapiteln um 1130 Ram | 53 Blatt | 1718 | Papier, Ledereinband mit ornamentalem Prägedruck | 20 x 15,7 cm | Staatsbibliothek zu Berlin – Preußischer Kulturbesitz, Orientabteilung (Sign. Wetzstein II 1220)

7/21 Der träumende Autor und sein Traum
Miniatur aus dem Rosenroman, fol. 1 | Französisch, 14. Jh. | Illuminierte Pergamenthandschrift | 26,5 x 19,5 x 0,45 cm (aufgeschlagen) | Nachschrift der Erstfassung von Guillaume de Lorris um 1230/35 (Fragment) und Jean de Meung um 1270/75 (vollendet) | Paris, Bibliothèque nationale de France (ms. fr. 25526)

7/22 Der träumende Autor und sein Traum
Miniatur aus dem Rosenroman, fol. 1 | Altfranzösisch, 15. Jh. | Pergamenthandschrift | 30 x 22,5 cm | 30 x 41,5 cm (aufgeschlagen) | nach dem Original von Guillaume de Lorris um 1230/35 und Jean de Meung um 1270/75 | London, The British Library, The Manuscript Collection (Ms. Egerton 1069)

7/23 Hypnerotomachia Poliphili
Francesco Colonna (1433–1527) | Venedig, Aldus Manutius, 1499 | Inkunabel mit Holzschnittillustrationen | Pergament-Einband spätes 19. oder frühes 20. Jh. | 234 Bl. mit 40 ornamentierten Initialen | 10 ganzseitigen und 161 im Text verteilten Holzschnitten | 31,2 x 21,2 cm | Staatliche Museen zu Berlin, Kupferstichkabinett (Sign. 2663)

7/24 Der Traum
Um 1860 | Oscar Gustav Rejlander (1813–1875) | Reproduktion des Originalfotos | 14 x 19,6 cm | Rochester NY, Courtesy George Eastman House (Inv. GEH 13984)

7/25 Die Traumdeutung
Sigmund Freud (1856–1939) | 1900 | Widmungsexemplar der Erstausgabe | Inschrift auf dem Titel: »Fräulein Helene Schiff/freundschaftlich/der Verf.« | 23,5 x 15,5 cm (geschlossen) | Wien, Sigmund Freud-Museum (Inv. 10460-V-24)

→ **bühne des ich**

7/26 Kontinentalkern XXXV 1988
Katharina Sieverding | 1988 | Pigment auf Metall, Stahl, 11 Teile | jedes Teil 2, 75 x 1,25 m | Besitz der Künstlerin

7/27 Männlicher Kopf
Um 1926 | Ewald Mataré (1887–1965) | Holz (Finnische Birke) | 36 x 12,8 x 15 | Staatliche Museen zu Berlin, Nationalgalerie, Erworben aus Mitteln der Stiftung Renée Sintenis (Inv. NG 54/84)

7/28 Griechischer Standspiegel
Träger als Frauenfigur, begleitet von fliegenden Eroten; am Spiegelrand Hunde, Hasen, Hähne und eine Sirene | Nordostpeloponnesisch, um 460 v. Chr. | Bronze | H 43,5 cm | Badisches Landesmuseum Karlsruhe (Inv. F 1867)

7/29 Etruskischer Handspiegel
Badeszene, zwei Mädchen und ein junger Mann
Mitte 4. Jh. v. Chr. | Bronze | H 31,9 cm | Staatliche Museen zu Berlin, Antikensammlung (Inv. Misc. 6240)

7/30 Etruskischer Spiegel
Zwei Tänzerinnen in reichem Ornamentrahmen
Um 500 v. Chr. | Bronze | H 23,3 cm | Staatliche Museen zu Berlin, Antikensammlung (Inv. Fr. 17)

7/31 Ägyptischer Handspiegel
Griff in Form eines Mädchens
Spätzeit, 710–330 v. Chr. | Bronze | 30 x 17,1 cm | Staatliche Museen zu Berlin, Ägyptisches Museum und Papyrussammlung (Inv. 13187)

7/32 Ägyptischer Handspiegel
Spiegelgriff in Form eines Hathor-Kopfes gestaltet
Neues Reich, 1550–1070 v. Chr. | Bronze | H 27 cm | Staatliche Museen zu Berlin, Ägyptisches Museum und Papyrussammlung (Inv. 2774)

7/33 Narrenzepter
Italienisch | zweite Hälfte 18. Jh. | Holz, geschnitzt, Griff gedrechselt, farbig gefasst und mit Textilien bekleidet | Schellen (erneuert) aus Metall | H 50 cm | München, Bayerisches Nationalmuseum (Inv. 89/599)

7/34 Schandmaske
Baden | 18. Jh. | Eisen, bemalt | 55 x 57 cm | Badisches Landesmuseum Karlsruhe (Inv. C 5356)

7/35 Selbstporträt im Spiegel
1908 | Léon Spilliaert (1881–1946) | Aquarell, Gouache und Pastell | gerahmt 48 x 63 cm | Oostende, Museum voor Schone Kunsten

7/36 Phantasieporträt des Philosophen Chilon
1596 | Jan Muller (1571–1628) | Am oberen Ovalrand in der Platte sig., dat. und bezeichnet: Nosce teipsum / Chilon Philosophus Spartanus | Kupferstich | 48 x 36,9 cm | Bartsch 13-II; Hollstein 80-II | Staatliche Museen zu Berlin, Kupferstichkabinett (Inv. 977-14)

7/37 Bildnis des Johan Lievens (Livens)
Anton van Dyck (1599–1641) inv., Lucas Vostermann d. Ä. sc. | Bezeichnet in großen Lettern: Ioannis Livens / Pictor Humanorum Figuram Maiorum Lugduni Battavorum | Kupferstich | 15,5 x 24 cm (W. 85-V) | Staatliche Museen zu Berlin, Kupferstichkabinett (Inv. 646-15)

→ **phantasie-flüge**

7/38-49 Masken von Romuald Hazoumé
Besitz des Künstlers
38) Claudia 1999 | Plastik (Kanister) | schwarz-gelb gestreift, gelb gedrehte Fasern, teilweise geknotet, in einer Linie oberhalb des Griffs befestigt | 24 x 23,5 x 19,3 cm
39) Miss Berlin 1999 | Plastik (Kanister) | violettweiß gestreift, dicker Haarknoten aus violetten Fasern an der Oberseite | 23,5 x 28,5 x 20,5 cm
40) Rotkehlchen 1997 | Plastik (Kanister) | rot, aufgeschnitten, Metallnaht aus neun Stichen | 44 x 29,5 x 24,5 cm
41) Lolita 1998 | Plastik (Kanister) | braun, schwarze Fasern, teilweise mit Draht gebunden und umwickelt | 10 x 10,5 x 23,5 cm
42) O Houan 1998 | Plastik (Kanister) | gelb, elf Flechten aus schwarzer Faser, mit rotem Draht in Zackenform gelegt | 12,5 x 12,7 x 17 cm
43) Ovan 1997 | Plastik (Kanister) | drei rote Hupen aus Plastik und Metall | 39,5 x 28,5 x 28,5 cm
44) Schmollen (La Mou) 1998 | Plastik (Kanister) | gelb, sechs schwarze Faserstränge, drahtumwickelt, zackenförmig | 14,5 x 29 x 29 cm
45) Zemi 1997 | Plastik (Kanister) | weiß, aufgeblasen, daran befestigt eine dicke schwarze, mit Draht umwickelte Fasersträhne | 38 x 38 x 28,5 cm
46) Bürgerin (Citoyenne) | 1997 | Plastik (Kanister) | weiß, aufgeblasen, daran Strähnen von schwarzen, drahtumwickelten Fasersträngen | 36,5 x 35 x 23,5 cm
47) Zemidjan 1997 | Plastik (Kanister) | weiß, aufgeblasen, mit drei dicken schwarzen, drahtumwickelten Fasersträngen oberhalb des Griffs | 28 x 39 x 25,5 cm
48) Mein innerer Hafen (Mon Port intérieur) 1997 | Plastik (Kanister) | weiß, Metallnaht | 36,5 x 28 x 29,5 cm
49) Cogoloto 1997 | Plastik (Kanister) | blau, aufgeblasen | 6 drahtumwickelte schwarze Faserstränge | Dm 47 cm

7/50 Chinesische Wurzel
Ming-Ching-Periode, 17. Jh. | Hong-Mu Holz (dunkelbraunes Holz) | ca. 34 x 28 x 28 cm | Berlin, Alte Asiatische Kunst G. Venzke

7/51 Alraunwurzel, Mandragora spec. (Solanacae)
Beschnitzt | ca. 21,5 x 5 x 5 cm | Freie Universität Berlin, Zentraleinrichtung Botanischer Garten und Botanisches Museum Berlin-Dahlem

7/52 Zwei fabelhafte Froschritter im Kampf
In: Neuw Grottesken Buch | Nürnberg, 1610 | Christoph Jamnitzer (1563–1618) | 60 Kupferstiche mit Phantastereien und Knorpelwerk, Blatt 32/A50 | 15 x 18,5 cm (Pl.) | Staatliche Museen zu Berlin, Kunstbibliothek (Sign. OS 32 kl)

7/53 Fabelhafte Thiere:
Der Centaur, Die Chimaera, Die griech. und die ägypt. Sphynx; Der Gryllus; Die Sirenen (Pl. 57); gegenüberliegende Seite: Die Harpyen; Der Greif; Der Satyr; Die Giganten oder Titanen, Das Seepferd, Nereiden und Tritonen (Pl. 58),
In: Bilderbuch für Kinder, enthaltend eine angenehme Sammlung von Thieren, Pflanzen, Blumen, Früchten u.a., 3 Bde, o.P., Weimar/Gotha 1790 | Friedrich Justin Bertuch (1747–1822) | Bd. 1: Vermischte Gegenstände, Pl. 57/58 | Staatsbibliothek zu Berlin – Preußischer Kulturbesitz, Kinder- und Jugendbuchabteilung (Bibliothek 1; Sign. 19 ZZ 106 KJA)

7/54 Krishna und seine Geliebte Radha auf der Götterschaukel
Holz, bemalt und lackiert | H 24,5 cm, L 19 cm | Köln, Rautenstrauch-Joest-Museum, Museum für Völkerkunde, Sammlung Barbara Schu

7/55 Alf laila wa-laila (1001 Nacht)
1920 | Kinderbuch mit Illustrationen von Edmond Dulac, hier S. 33 | 26 x 18,5 cm | Staatsbibliothek zu Berlin – Preußischer Kulturbesitz, Kinder- und Jugendbuchabteilung (Sign. B IV 1a, 849)

7/56 Through the Looking-Glass and what Alice found there
Lewis Carroll, 1897 | 50 Illustrationen von Sir John Tenniel (1820–1914) | Abb. S. 23: »Jabberwocky« | Roter Leineneinband, Goldschnitt | 19,5 x 13 cm | Staatsbibliothek zu Berlin – Preußischer Kulturbesitz, Kinder- und Jugendbuchabteilung (Sign. B IV 2a 972)

7/57 Groteske
Oskar Schlemmer (1888–1943) | 1923 | Nussbaumholz, Elfenbein und Metallschaft | 55 x 23,5 x 10 cm | Staatliche Museen zu Berlin, Nationalgalerie (Inv. NG 20/57)

7/58-64 Kalligrafien von Mounir Al Shaarani
Besitz des Künstlers

58) Trilogie des Gilgamesch-Epos 1999/2000 |
Chinesische Tinte und Tusche in Rot und Grün,
Zwischenzeichen in Gold, auf braunem Papier |
100 x 70 cm | signiert und datiert

58 a) Nur der Freie ist dem Freien Freund
Der Text im Text sowie der Titel sind dem
arabischen Dichter Ahmed Schauki entlehnt

58 b) Die Verirrung beginnt bei Dir
Der Text im Text sowie der Titel sind dem
arabischen Dichter Wali Khazandar entlehnt

58 c) Was du begehrst, ist unsagbar
Der Text im Text sowie der Titel sind dem
arabischen Dichter Ali Mutanabbi entlehnt

59 a) Verwirrende Spiegelungen Gedicht des
arabischen Dichters Walid Khazandar | 1999 |
Chinesische Tinte und Tusche in Rot, Grün
und Gold auf Karton | 100 x 70 cm

59 b) Die Falle Nach dem arabischen Dichter
Walid Khazandar | 2000 | Chinesische Tinte
und Tusche in Rot, Grün und Gold auf Karton |
100 x 70 cm

**60) Unnütz ist, was nicht unser Wissen be-
reichert** 1986 | Chinesische Tinte und Tusche
in Rot, über Bleistiftvorzeichnung, auf Karton |
signiert und datiert | 99 x 69 cm

61) Worte sind trügerisch 1997 | Tusche in
violett und dunkelrot auf gelbem Karton |
signiert und datiert | 70 x 70 cm

62) Worte sind trügerisch 1998 | Chinesische
Tinte und rote Tusche, montiert auf schwarze
Pappe | 82,5 x 65 cm

63) Schonet die Flora solange sie grün ist
1993 | Grüne und rote Tusche auf gelbem Kar-
ton, signiert und datiert | 76 x 76 cm

**64) Der Wissende ist ein Freund der Abstrak-
tion** 1990 | Chinesische Tinte und rote Tusche
auf Karton, in schwarzem Passepartout | sig-
niert | 70 x 70 cm

7/65 Weißes Hirn
1996 | Jaume Plensa | Mischtechnik auf Papier |
207 x 194 cm | Madrid, Colección del Banco de
España

7/66 Phantasiekopf
Flämisch, Ende 16./Anfang 17. Jh. | Öl auf
Holz | 40 x 31 cm | Zedelgem-Loppem (B),
Fondation J. van Caloen, Château de Loppem

7/67 Zwei dämonische Fabeltiere
China, Nord-Wei-Dynastie | ca. 1. Hälfte 6. Jh. |
Hellgrauer Ton mit Farbresten | H 28,5 cm |
Linden-Museum Stuttgart (Inv. OA 20.879 und
880 L, Referat Ostasien)

7/68 Gelehrtenstein
China, 17./18. Jh. | Lingbi-Kalkstein | H 54 cm,
B mit Sockel: 94 cm | Berlin, Alte Asiatische
Kunst G. Venzke

7/69 Fünf Panflöten
Peru, Inka | Nazca-Kultur (100 v. Chr. – 700 n.
Chr.) | Ton, polychrom bemalt | H. der größten
Flöte: 25 cm | Helsinki, Didrichsen Art Museum
(Inv. Catalogue Pre-Columbian Art, Nr. 911)

**7/70 Demonstrationsmodell
einer binären Lernmatrix**
Nach Karl Steinbuch (geb. 1917) | Baujahr ca.
1959/60 | Relaismodul 82 x 103 x 80 cm, und
Eingabemodul 82 x 113 x 80 cm | Stahlrahmen
mit Pertinax-Oberflächen im sichtbaren
Bereich, Stahlblech auf der Rückseite, hinter-
leuchtete (Glas-)Flächen im Bereich optischer
Signale | Karlsruhe, Technische Universität,
Institut für Technik der Informationsverarbeitung (Inv. BLM-RM, BLM-EM)

→ **starke gefühle**

7/71 Kopf des Laokoon
Teilabguss der Skulpturengruppe »Laokoon
mit seinen Söhnen« des Hagesandros, Atheno-
doros und Polydoros aus Rhodos, Vatikanische
Museen | Gips | H ca. 65 cm | Staatliche
Museen zu Berlin, Antikensammlung (Inv. SH
237)

7/72 Maske eines sterbenden Kriegers
Nach Andreas Schlüter (um 1660–1714) |
19. Jh. | Gips, getönt (Fassung 1972 entfernt) |
H 42,5 cm | Berlin, Stiftung Archiv der Akade-
mie der Künste, Kunstsammlung (Inv. B 62 c)

7/73 Maske eines sterbenden Kriegers
Nach Andreas Schlüter (um 1660–1714) |
Abguss, Anfang 18. Jh. | Gips, Bleiweiß, Quarz,
zwei Fassungen: Bronzeimitation, darunter
Steinimitation | H 57,6 cm | Berlin, Stiftung
Archiv der Akademie der Künste, Kunstsammlung (Inv. 62 a)
*Beide Köpfe sind vermutlich als Studienobjekte
nach den Masken der Originalskulpturen von
Schlüter für den Hof des Zeughauses in Berlin
angefertigt worden. Die Originale sind nicht
mehr vorhanden.*

7/74 Eine verdammte Seele in der Hölle
Um 1690 | Gaetano Giulio Zumbo (1556–1701) |
Reliefbüste aus farbig gefasstem Wachs und
vergoldeter Bronze | 25,8 x 16 x 5,5 cm |
Florenz, Museo degli Argenti (Inv. A.S.E. 1911
no. 181)

7/75 Eine verdammte Seele im Fegefeuer
Um 1690 | Gaetano Giulio Zumbo (155–1701) |
Reliefbüste aus farbig gefasstem Wachs und
vergoldeter Bronze | 25,8 x 16 x 5,5 cm |
Florenz, Museo degli Argenti (Inv. A.S.E. 1911
no. 180)

7/76 Zwei wahnsinnige Männer
1673 | Pieter Xavery (um 1647–unbek.) | Terra-
kotta | H 50 cm | Amsterdam, Rijksmuseum
(Abt. für Skulpturen und angewandte Kunst,
Inv. BK-NM-5666)

7/77 Shiva als König des Tanzes (Nataraja)
19. Jh. | Bronze | H 101 cm | Staatliche Museen
zu Berlin, Museum für Indische Kunst
(Inv. 10061)

7/78 Tanzender Silen
500/450 v. Chr. | Zierelement, das zu einem
größeren Bronzegegenstand (einem Kessel?)
gehörte | Bronze | H 11,2 cm | Fundort: Tablas
de las Canas, Capilla (Badajoz) | Madrid, Museo
Arqueológico Nacional (Inv. 1972/45/1)

7/79 Lachende Figur
Zentral-Veracruz, Mesoamerika | 200–900 n.
Chr. | Ton | H 52 cm | Helsinki, Didrichsen Art
Museum (Catalogue Pre-Columbian Art,
No. 842)

7/80 Tänzer
Aztekisch, Mitte 14. Jh.-1521 | Ton | H ca.
20 cm | auf der Fußsohle bezeichnet | Staatliche
Museen zu Berlin, Ethnologisches Museum,
Amerikanische Archäologie (Inv. IV Ca 2556)

7/81 Trinkschale mit Mänade und Silen im
Spiegel und **Satyrn und Mänaden im dionysi-
schen Taumel** auf der Außenwandung
Aus Vulci/Etrurien, um 430 v. Chr. | Eretria-
Maler (zugeschrieben) | Ton | Dm 30,5 cm |
Staatliche Museen zu Berlin, Antikensammlung
(Inv. F 2532)

**7/82 Schale, im Spiegel eine tanzende
Mänade mit Krotalen**
520–510 v. Chr. | Pedieus-Maler (zugeschrieben) |
Ton, bemalt | Dm ca. 20 cm | Staatliche Museen
zu Berlin, Antikensammlung (Inv. V.I.4855)

**7/83 a-d Physiognomien aus der Folge
»L'Expression de passion de l'âme«
(Der Ausdruck der Leidenschaften der Seele)**
1727 | Charles Le Brun inv. (1619–1690), Jean
Audran sc. (1667–1756) | Kupferstiche | 34 x
24 cm | Staatliche Museen zu Berlin, Kupfer-
stichkabinett (Mappe LW 11/2)
a) Der Zorn *(La Colère)* Inv. 430-52
b) Einfacher körperlicher Schmerz
(Douleur corporelle simple) Inv. 423-52
c) Das Entzücken *(Le Ravissement)* Inv. 418-52
d) Das Entsetzen *(L'Effroy)* Inv. 429-52

7/84 Die Angst
1988 | Marie-Jo Lafontaine | Schwarzweiß-
Fotografie, Öl auf Holz, Bronzeschrift | 160 x
130,5 cm | Museum für Neue Kunst • ZKM
Karlsruhe (Inv. 108/90)

7/85 Rumore II (Traum und Begehren)
1997 | Jaume Plensa | 2 Bronze-Gongs und
2 Klöppel an roten Kordeln hängend | Messing,
Holz, Wolle | jeder Gong Dm 130 cm |
Gewicht je ca. 30 kg | Privatsammlung Berlin

7/86 a-b Himmelsstürmer
Zwei Blätter einer Serie von vier | Hendrick
Goltzius (1558–1617) | Kupferstiche, 1588 |
Staatliche Museen zu Berlin, Kupferstich-
kabinett (Inv. 787-11 und 788-11)
a) Ixion | Dm 33,1 cm (Bartsch 261 –II, Hollstein
309-II) **b)** Sturz des Phaeton | Dm 33,2 cm
(Bartsch 260-II)

7/87 Reise (Viaggio)
1981 | Luciano Fabro | Objekt-Installation |
Metallstäbe, Farbe und Papier | L 480 cm |
Stedelijk Museum voor Actuele Kunst Gent
(Inv. 80 MHK 093)

→ **nase-weisheiten**

**7/88 Allegorische Darstellungen der fünf
Sinne: Auditus, Visus, Olfatus, Gustus, Tactus
(Gehör, Gesichtssinn, Geruch, Geschmack,
Tastsinn)**
Um 1544 | Georg Pencz (ca. 1500–1550) |
Kupferstich-Folge | jeweils ca. 14 x 9,5 cm
(Bartsch 105-109) | Staatliche Museen zu
Berlin, Kupferstichkabinett

**7/89 Die Stufenfolge der Natur
und des Menschen**
Illustration zum »Liber de Sapiente« | Rück-
seite von S. 119 | In: »Que hoc volumine conti-
nentur. Liber de intellectu. Liber de sensu.
Liber de niehilo. Ars oppositorum. Liber de
generatione. Liber de sapiente. Liber de duode-
cim numeris. Epistole complures« | von Caro-
lus Bovillus (Charles Bouelles) (1479–1567) |
Amiens 1510 | Holzschnitt | 28,4 x 19 cm (Seite) |
Paris, Bibliothèque nationale de France
(Sign. Rés. R.-155)

7/90 Die inneren und die äußeren Sinne
In: »Orbis sensualium pictus« (Die sichtbare
Welt) von Johann Amos Comenius (1592–1670) |
Nürnberg, 1688 (lat. und dt.) | 315 Seiten und
40 Seiten Index | S. 86 | Holzschnitt | 5,5 x
7 cm | Staatsbibliothek zu Berlin – Preußischer
Kulturbesitz, Abteilung Historische Drucke
(Sign. Ng 428 : R)

7/91 Die inneren und die äußeren Sinne
In: »Orbis sensualium pictus« (Die sichtbare
Welt) von Johann Amos Comenius (1592–1670) |
Nürnberg, 1760 (viersprachig: dt., lat., ital., frz.) |
S. 162/163 | Holzschnitt | 5,5 x 8,5 cm | Staats-
bibliothek zu Berlin – Preußischer Kulturbesitz,
Abteilung Historische Drucke (Sign.Ng 438: R)

**7/92 Der verlorene Sohn:
Allegorie der fünf Sinne**
Um kurz nach 1600 | Ludovico Finson (1580–
1617) | Öl auf Leinwand | 141 x 189 cm | Braun-
schweig, Herzog Anton Ulrich-Museum (Inv. 37)

7/93 Vor der Küche
David Teniers der Jüngere (1610–1690) |
Nicolaes van Veerendael (1640 Antwerpen-1691)
Carstian Luyckx (1623–unbekannt) | Undat.,
bez. re. u.: D.T.; li. o.: N.V.Veerendael f; in der
Mitte: Carstian Luckx | Öl auf Leinwand | 83 x
120,5 cm | Gemäldegalerie Alte Meister, Staat-
liche Kunstsammlungen Dresden (Inv.1091)

**7/94 Menschlicher Kopf mit Tiermaske
und Gesichtsbemalung aus Teer**

Mexiko, VeraCruz, Klassik, 500–900 n. Chr. | Ton,
Teer | H 32 cm, B 18 cm | Staatliche Museen zu
Berlin, Ethnologisches Museum, Amerikanische
Archäologie (Inv. IV Ca 48 215)

7/95 Kopf

Um 1920 | Anatomisches Modell im Median-
schnitt | Moulage, Gipspositiv | 37 x 22 x 13 cm |
Stiftung Deutsches Hygiene-Museum Dresden,
Sammlung (Inv. DHM 1991/303)

**7/96 Rosenduft-Erinnerung
(Der Rosenfreund)**

Um 1845 | Carl Spitzweg (1808–1885) | Öl auf
Leinwand | 38,2 x 30,8 cm | bez. u. li.: S im
Rhombus | Frankfurt am Main, Städtische Gale-
rie im Städelschen Kunstinstitut (Inv. SG 1153)

7/97 Weiße Trompetenblume

1932 | Georgia O'Keeffe (1887–1986) | Öl auf
Leinwand | 75,6 x 100,9 cm | San Diego,
San Diego Museum of Art, CA (Inv. 1971:12 –
Geschenk von Frau Inez Grant Parker zum
Gedächtnis an Earle W. Grant)

**7/98 Schaumgeborene Venus
(Venus anadyomène)**

Um 1858 | Kopie der Werkstatt von Jean-
Auguste Dominique Ingres (1780–1867) nach
dem Gemälde in Chantilly, Musée Condé (1808
und 1848) | Öl auf Leinwand | 31,5 x 20 cm |
Paris, Musée du Louvre, Département des
Peintures, legs Jean-Baptiste-Joseph Mon-
cotte-genlis (Inv. M.l. 726)

7/99 Nefertem – Gott des Wohlgeruchs

Bronze, Vollguss | ca. 18 x 3 x 3 cm | Darm-
stadt, Wella AG (Inv. 1624)

**7/100 Balsamarium (Salbölgefäß) in Form
eines menschlichen Kopfes**

Hellenistisch | 4.–3. Jh. v. Chr. | Terrakotta,
polychrom gefasst | H 13 cm | Darmstadt,
Wella AG (Inv. 910)

7/101 Kästchen mit Salbgefäßen

Neues Reich, 18. Dynastie, 1500–1400 v. Chr. |
Holz, Einlegearbeiten aus verschiedenem Holz
und Knochen, Fayence | L 11 cm | Staatliche
Museen zu Berlin, Ägyptisches Museum und
Papyrussammlung (Inv. 11381)

**7/102 Räuchergefäß in Form eines Tempels
mit hohem Ziergiebel**

Peru, Kultur der Chimú | ca. 1000–1450 n. Chr. |
Silber, getrieben | ca. 30 x ca. 15 cm | Staat-
liche Museen zu Berlin, Ethnologisches Museum, Amerikanische Archäologie (Inv. V A 22
755)

7/103 Weihrauchknolle

Sayâla (Ägyptisch Nubien) | etwa 10. Jh. n. Chr. |
Harz | Ägyptisch-Orientalische Sammlung des
Kunsthistorischen Museums Wien (Inv. ÄOS,
A 696)

7/104 Räucherbecken mit Inschrift

Südarabien | 4./3. Jh. v. Chr. | Rogenstein |
8 x 8,5 x 8,9 cm | Ägyptisch-Orientalische
Sammlung des Kunsthistorischen Museums
Wien (Inv. ÄOS, Sem 27)

7/105 Räuchergefäß mit Standfuß

Sayâla (Ägyptisch Nubien) | 9./10. Jh. n. Chr. |
Bronze | H 10,6 cm, Dm 10,1 cm | Ägyptisch-
Orientalische Sammlung des Kunsthistorischen
Museums Wien (Inv. ÄOS, A 522)

7/106 Weihrauchbehälter

Deutsch | spätromanisch | Bronze | Hamburg,
Museum für Kunst und Gewerbe (Inv. 1892. 148)

**7/107 Räucherbecken mit Holzdeckel
und Jadeknauf mit Mandarin-Ente**

China | 16./17. Jh. (Ming-Dynastie) | Dehue-
Ware »blanc de Chine« | Holz, Jade | Hamburg,
Museum für Kunst und Gewerbe (Inv. 1891.291
a-b)

7/108 Kugeliges Räuchergefäß

China, Tang-Dynastie, 9. Jh. | Silber, durch-
brochen, teilweise vergoldet, getrieben, be-
punzt und graviert | Räucherschälchen im
Innern vergoldet | Dm ca. 7 cm | Köln, Museum
für Ostasiatische Kunst (Sammlung Irene
und Peter Ludwig)

7/109 Glasflasche mit Blumendekor

Indien | 2. Hälfte 18. Jh.–Anfang 19. Jh. |
Glas, hellblau, transparent, mit weißem Email
bemalt | H 12,5 cm, Dm 4,8 cm | Staatliche
Museen zu Berlin, Museum für Islamische
Kunst (Inv. I. 1/75a)

7/110 Kleines Kosmetikfläschchen

Iran | 9.–11. Jh. | Farbloses Glas, geschnitten
und geschliffen | H 6 cm, Dm 3,2 cm | Staat-
liche Museen zu Berlin, Museum für Islamische
Kunst (Inv. I. 49/63)

7/111 Bauchiges Miniaturfläschchen

Iran | 9.–11. Jh. | Glas, geschnitten und
geschliffen, grünes Glas mit Blaustich, Reste
schillernder Iris | H 3,7 cm, Dm 3.5 cm | Staat-
liche Museen zu Berlin, Museum für Islamische
Kunst (Inv. I. 4031)

7/112 Kugelförmiger Miniaturnapf

Ägypten | 9.–11. Jh. | Glas, geschnitten und
geschliffen, leicht grünstiches Glas mit weiß-
lichem Überzug | H 2 cm, Dm 2,6 cm | Staat-
liche Museen zu Berlin, Museum für Islamische
Kunst (Inv. I. 6132)

7/113 Miniaturnapf

Ägypten | 9.–11. Jh. | Glas, geschnitten und
geschliffen, entfärbtes, leicht grünstiches
Glas mit weißlichem Überzug | H 2,3 cm,
Dm 2,1 cm | Staatliche Museen zu Berlin,
Museum für Islamische Kunst (Inv. I. 6131)

7/114 Vier Flakons mit Golddekor

Indien | 2. Hälfte 18. Jh.–Anf. 19. Jh. | Glas,
formgeblasen, entfärbtes Klarglas, weiße
und goldene Emailmalerei (stilisierte Blumen) |
H 6,2 cm, Dm 3 cm | Staatliche Museen zu
Berlin, Museum für Islamische Kunst
(Inv. I. 3/72 a-d)

7/115 Sprinkler für Rosenwasser

Indien | Mogul-Periode, 18. Jh. | Blaues Glas |
H 17cm, Dm 6 cm | Darmstadt, Wella AG
(Inv.1501)

7/116 Bisamapfel mit Kette

Deutschland | 17. Jh. | Apfelförmiger Korpus, in
8 Segmenten sternförmig aufklappbar | Kenn-
zeichnung der vorhandenen sieben »Schnitze«:
Kanel, Rosmarin, Muscat, Negelken, Rosen,
Citron und Lavendel | Silber, innen vergoldet |
H 5 cm, Dm 2,5 cm | Sammlung Schwarzkopf
im Deutschen Hygiene-Museum Dresden (Inv.
SK 1073)

7/117 Herzförmige Duftkapsel

Aus dem Grab des Oldenburger Grafen Anton I.
(1505–1573) | Ostfriesland, 1520–1540 | Silber,
feuervergoldet, Christusmonogramm mit Anker
umgeben von der Inschrift: »In hoc signo vin-
ces« | H 4,1 cm, Dm 2,8 cm | Landesmuseum
Oldenburg (Inv. LMO 6.729)

7/118 Riechbüchschen Eichel-Anhänger

Schleswig | 18./19. Jh. | Silber | Hamburg,
Museum für Kunst und Gewerbe (Inv. 1911.259)

**7/119 Riechbüchschen in Form
eines Fisches mit beweglichem Körper**

Norddeutschland | 1810 | Silber | Hamburg,
Museum für Kunst und Gewerbe (Inv. 1911.35a)

7/120 Berliner Potpourri-Vase für das
Arbeitszimmer Friedrichs II. | Berlin (?), 1767 |
Porzellan | Hamburg, Museum für Kunst und
Gewerbe (Inv. 1895. 47)

7/121 Brûle-Parfum

Augsburg, um 1757–59 | Meister Abraham
Drentwet IV. | Doppelstöckiges Dreibein mit
Schale, Parfumgefäß und Deckel, Muschel-
und Flammenornament | Silber | 17,5 x 11 cm |
Sammlung Schwarzkopf im Deutschen
Hygiene-Museum Dresden (Inv. SK 2588)

7/122 Räucherpfanne

16. Jh. | Eisen | Dm 12 cm, L 15,5 cm | Leipzig,
Medizinhistorische Sammlung des Karl-Sudhoff-Instituts für Geschichte der Medizin und
der Naturwissenschaften (Inv. A 9)

**7/123 Kleine Elfenbeinfigur
eines Arztes mit Pestschutzkleidung**

17. oder frühes 18. Jh. | Elfenbein | H 16 cm |
Deutsches Medizinhistorisches Museum
Ingolstadt

7/124 Vorstellung des Dr. Chicogneau

Um 1720–1730 | Text: »Vorstellung des Doct.
Chicogneau Cantzlers der Vniversitaet zu
Montpellier; welcher A° 1720 vom Könige in
Franckreich nach Marseille geschicket worden,
um denen mit der Pest behafteten Leuten
beyzustehen« | Kupferstich, koloriert | 26,1 x
17,8 cm | Leihgabe. Germanisches National-
museum, Nürnberg, Kupferstichkabinett (Inv.
HB 13157, Kapsel 1260)

7/125 Romanischer Doctor der Artzney

1555 | Matthäus Rembold (tätig ca. 1629–1657) |
Sign. u. re: Mat. Remb. fecit | Text: »Wie hie
Figürlich ist zu sehen/Zu Rom die Artzney-
Doctor gehen/Wan sie die krancken thun
Curieren/an der pest, wo sie thuet Grassieren/
der Hut, Rock, und gantz Newetracht/wird
von gwinter Leinwath gemacht/In die Kappen
machen sie Brillen/und die Schnäbel thun
sie einfillen/mit sachen so den bösen lüfften/
abwöhren daß sie nicht vergifften/ein
Stab auch tragend in der hand/Zaigt an ihr
verrichtung und stand« | Kupferstich/Einblatt-
druck (?) | 19,9 x 12,4 cm | Staatsbibliothek zu
Berlin – Preußischer Kulturbesitz, Handschriftenabteilung (Inv. Iu 2496 R)

7/126 Pestarzt in Marseille

Augsburg, um 1720–1730 | Martin Engelbrecht? |
Text in dt. und frz.: »Abriß und Vorstellung
des Herrn Doctorum Medicinae zu Marseille,
als welche währender Pestzeit in Corduan
leder gekleidet, mit einem die Pest vertreiben-
den Rauchwerck angefüllten Nasen=Futer, und
mit einem kleinen Stecklein in der hand den
Krancken den Pulß damit zu fühlen, versehen
gewesen« | Kolorierter Kupferstich und
Radierung | 25,9 x 18,9 cm | Leihgabe. Germa-
nisches Nationalmuseum, Nürnberg (Inv. HB
25623, Kapsel 1260)

7/127 Flohfalle

Nachbildung aus dem 18. Jh. | Elfenbein |
H 6 cm, Dm 2,5 cm | Darmstadt, Wella AG
(Inv. 212)

→ **das spiel ist eröffnet**

7/128 Knöchelspielerinnen

Kopie des Marmorgemäldes von Alexandros
aus Herculaneum, Neapel, Museo Nazionale,
das seinerseits auf ein griechisches Vorbild
zurückgeht | Anf. 20. Jh. | Enkaustische Malerei
auf Marmor | 30 x 30 cm | Akademisches
Kunstmuseum, Antikensammlung der Universität Bonn (Inv. B 280)

7/129 Knöchelspielerin

Attisch | Mitte 3. Jh. v. Chr. | Terrakotta |
H 17,7 cm | Badisches Landesmuseum Karls-
ruhe (Inv. 60/39)

7/130 a-b Zwei Astragale

Römisch-vorchristlich | Bronze, mit kleinem Bohrlöchlein an der Seite, wohl zur Befestigung der Kette, mit der zwei Astragale verbunden werden konnten **a)** 2 x 3,1x 1,7 cm | **b)** 1,1 x 2,3 x 1,3 cm | Privatbesitz

7/131 Steinernes Spielbrett für ein 20-Felder-Spiel

Vorderer Orient, Sam'al-Zincirli (heute Türkei) | Typ des Spiels von Ur, Babylon | 8.-7. Jh. v. Chr. | Serpentin | 15,3 x 6,3 cm | Staatliche Museen zu Berlin, Vorderasiatisches Museum (Inv. S 3688)

7/132 Spiel der 58 Löcher

Spielbrett und zwei Würfel | Babylon | 1. Hälfte 1. Jahrtausend v. Chr. | Alabaster (Spielbrett), Glas (Würfel) | 14,6 x 8,3 cm (Brett) | 1,5 x 1,5 cm (Würfel) | Staatliche Museen zu Berlin, Vorderasiatisches Museum (Inv. VA Bab 665, VA 7577)

7/133 Bodenfragment mit eingeritztem Mühlespiel

Samarra, (Irak) 9.-10. Jh. | Samarra-Ausgrabung 1911-1913 | Stuckmörtel mit Gipsestrich | 6,5 x 26 x 31 cm | Staatliche Museen zu Berlin, Museum für Islamische Kunst (Inv. Sam. o.Nr.)

7/134 Kleines Pferd als Spielfigur, Fragment

Iran | Sassanidisch, 6.-7. Jh. | Elfenbein | L 5,3 cm | Staatliche Museen zu Berlin, Museum für Islamische Kunst (Inv. I. 6/62)

7/135 Schachstein(?) eines stehenden Elefanten mit Mahut und sitzender Figur

Iran | 8.-9. Jh. | Knochen | 5,5 x 4,5 x 1,7 cm | Staatliche Museen zu Berlin, Museum für Islamische Kunst (Inv. I. 75/62)

7/136 Ein Herrscher lässt zwei Hofbeamte für sich spielen

Illumination aus dem »Šāh-nāme« (Buch der Könige) des Firdausi (um 940-1020) | Nachschrift | Persien, undatiert | 26 x 16,5 cm | Privatbesitz

7/137 Spielstein, überzogen mit mehrfarbigem Millefioriglas

Nordost-Iran | 9.-11. Jh. | Glaskern | H 3,6 cm, Dm 2,2 cm | Staatliche Museen zu Berlin, Museum für Islamische Kunst (Inv. I. 25/75)

7/138 Spielstein in Gestalt eines Löwen

Ägypten | um 3000 v. Chr. | Granit | H 2,5 cm, L 4,2 cm | Staatliche Museen zu Berlin, Ägyptisches Museum und Papyrussammlung (Inv. 15400)

7/139 Spielstein in Gestalt eines Turmes

Abydos (Ägypten), Altes Reich (um 2650-2155 v. Chr.) | Elfenbein | H 4,9 cm | Staatliche Museen zu Berlin, Ägyptisches Museum und Papyrussammlung (Inv. 18031)

7/140 Spielbrett des Sennefer und acht Spielsteine

Ägypten | 18. Dynastie, um 1500 v. Chr. | Holz | L 40,5 cm | Die Spielsteine gehören nicht ursprünglich zum Brett | Staatliche Museen zu Berlin, Ägyptisches Museum und Papyrussammlung (Inv. 10756, Spielst.: 7456, 8772, 10759, 10761, 10762, 11027, 13820, 22056)

7/141 Mehen (Schlangen-Spiel)

Abydos (Ägypten), Anfang des 3. Jahrtausends v. Chr. | Kalkstein | Dm 25 cm | Staatliche Museen zu Berlin, Ägyptisches Museum und Papyrussammlung (Inv. 13868)

7/142 Gänsespiel

Süddeutschland | 1. Hälfte 17. Jh. | Gemalter Spielplan | Holz, bemalt | 42 x 44,7 cm | Leihgabe. Germanisches Nationalmuseum, Nürnberg (Inv. HG 1412)

7/143 Spieltisch für das Brettspiel Alea

Ephesos | römische Kaiserzeit (ca. 30 v. Chr.-350 n. Chr.) | Weißer Marmor | 26 x 120 x 70 cm | Antikensammlung des Kunsthistorischen Museums Wien (Inv. I 1626)

7/144 Zwei Krieger in Rüstung beim Brettspiel (Achilles und Ajax)

Darstellung im Spiegel eines Tellers | Griechisch | um 520 v. Chr. | Ton | Dm 17,6 cm | Staatliche Museen zu Berlin, Antikensammlung (Inv. V.I. 3267)

7/145 Amphora mit Spielszene:

Vasenmalerei | Griechisch | Ende 6. Jh. v. Chr. | Ton | H 59 cm | Staatliche Museen zu Berlin, Antikensammlung (Inv. 1962.28)

7/146 a-b Gegenstände für das Ritual nach dem Ballspiel

Mexiko | Staatliche Museen zu Berlin, Ethnologisches Museum, Amerikanische Archäologie (Inv. IV CA 44346 a, b und IV CA 38498) **a)** Opfermesser | Flintstein, Holz | L ca. 30 cm | **b)** Joch | 550-950 n. Chr. | Gelbgrünlich gesprenkelter Stein, in die Stirnseite ein stilisiertes Krötengesicht skulpiert | 37 x 40 cm

7/147 Frühling (Mars als Frühlingsgott)

Niederländisch | um 1600 | Öl auf Leinwand | 120 x 240 cm | Erstes Gemälde eines Zyklus der »Vier Jahreszeiten« nach einer Stichfolge von Raphael Sadeler I, der Zeichnungen von Maerten de Vos vorlagen | Kunsthistorisches Museum Wien, Gemäldegalerie (Inv. 2200)

7/148 Schachfigur »König« oder »Dame«

Persien | 8./9. Jh. | Elfenbein | H 4,7 cm, Dm 4,8 cm | Privatbesitz

7/149 Miniatur »Die badende Schirin wird von Prinz Khusrau entdeckt« und »Schachpartie«

Aus dem »Schatrandschname-i-kebir« (Das große Schachbuch) | Scharaf ad-'Din Musa Firdausi (geb. 1453?) | Türkei | 1. Hälfte 16. Jh. | Papierhandschrift | 25 x 17,5 cm | München, Bayerische Staatsbibliothek (Sign. Cod. turc 250)

7/150 a-b Mittelalterliche Schachfiguren

Skandinavisch | Mitte 12. Jh. | Fundort: Insel Lewis, Hebriden | London, The British Museum, Department of Medieval and Later Antiquities (Inv. 1831, 11-1, 1; 1831,11-1,7) **a)** »König« Walrosszahn | H ca. 10 cm **b)** »Königin« Walrosszahn | H ca. 9, 5 cm

7/151 »Drei Philosophen stellen dem indischen König das Schach, das Würfelspiel und das Brettspiel vor« und »Das astrologische Schachspiel«

Miniaturen aus dem so genannten Spielebuch (Buch vom Schach, von Würfeln und Brettern). von Alfons X. dem Weisen von Spanien (1221-1284) | Auftraggeber und teilweise Autor, vollendet 1283 | Faksimile nach dem Original im Escorial, Valencia 1987, Bd. 1, fol 2 v und fol 96 v. | 40 x 27 cm (Seitenformat) | Bibliothek der RWTH Aachen (Sign. R 304 – 1)

7/152 Schachfigur »Thronender König«

Deutschland | 14. Jh. | Elfenbein | H 5,6 cm | Privatbesitz

7/153 Schachfigur »Elefant«

Indien | 16. Jh. (?) | Bein | H 77 cm | Privatbesitz

7/154 Kleines Spielbrett für Mühle, Triktrak und Schach

Deutschland oder Niederlande | 16. Jh. | Holz, mit farbigen Intarsien verziert | 5 x 40 x 43 cm | Zugehörig 13 Spielsteine aus Obstholz, mit geschnitzten Darstellungen von Jagd- und Bergbauszenen, mehrfarbig bemalt, überwiegend rot, grün und schwarz | Staatliche Museen zu Berlin, Kunstgewerbemuseum (Inv. K 2869)

7/155 Spielkassette in Form eines Buches

Deutschland | 16. Jh. | Zweiseitig nutzbar. Aufklappbarer Einbanddeckel aus Leder über Holz, mit Golddruck, Buchschnitt vergoldet und bemalt | 16,8 x 22 x 7 cm | Staatliche Museen zu Berlin, Kunstgewerbemuseum (Inv. F 2141)

7/156 Spielbrett aus Eger mit Steinen

Eger | 17. Jh. | Holz, geschnitzt, Darstellung einer Schlacht auf dem Brettkasten | Unterseite: Schachbrett | Innenseite: Triktrak | H 11 cm, B 53 cm | bez. Adam Eck, Egra | Staatliche Museen zu Berlin, Kunstgewerbemuseum (Inv. K 2865)

7/157 Schachfigurensatz und Spielbrett

Augsburg | 1615-1620 | Christoph Angermair (gest. 1633) | Elfenbein und Ebenholz mit Intarsien von Silber und Perlmutt | Brett: H 3,5 cm, L 41,7 cm | Höhe der Figuren: 2,8-3,8 cm | St. Petersburg, Staatliche Eremitage/The Hermitage (Inv. 3-7344)

7/158 Schachfigurensatz im »Selenus-Typ«

Deutschland | 2. Hälfte 17. Jh. | Buchsbaum | König H 7,2 cm | Bauer H 5,2 cm | Privatbesitz

7/159 Das Schach- oder Königsspiel

Von Gustavus Selenus (i. e. August Herzog von Braunschweig-Lüneburg) | Leipzig 1616 | Gedr. Buch mit Titelkupfer | 25,5 x 14,8 cm | Herzog August Bibliothek Wolfenbüttel (Sign. Hn 4° 4)

7/160 Spielbrett

18. Jh. | Holz, verziert mit durchbrochenem Metallbeschlag | Spielsteine sind zeitgenössisch, aber nicht zugehörig | Staatliche Museen zu Berlin, Kunstgewerbemuseum (Inv. O 1953,23)

7/161 Schachspiel in Buchform

Berlin | 1800 | Gebunden in Leder von roter, grüner und schwarzer Färbung, Verzierungen und Motive der Brettsteine in Goldprägung, bez.: »dieses Schachspiel von dem Berliner Buchbindermeister Carl Adolph Schulze unterm 3ten Februar 1800 überreicht und demselben vergütet worden.« | 6,5 x 23 x 13 cm | Staatliche Museen zu Berlin, Kunstgewerbemuseum (Inv. Hz 5284)

7/162 Dreizehn Schachfiguren

Französische Partie (Zeit Napoleons I.) und preußische Partie (Zeit Friedrichs d. Gr.) | Berlin | um 1820-1830 | Eisenguss, schwarzgold | H 4-6,8 cm | Leihgabe. Germanisches Nationalmuseum, Nürnberg (Inv. HG 8962)

7/163 Zehn Figuren des »Großen Königsspiels« von Christoph Weickmann

Marschall | Cantzler | Herold | Geistlicher | Ritter | Curier | Adjudant | Trabant | Leibschütz Soldat | Ulm, um 1664 | Nach Vorlagen von Weickmann (1617-1681) | Holz, geschnitzt und gedrechselt | Ulmer Museum (Sammlung Weickmann)

7/164 Neuerfundenes Großes Königs-Spihl

Von Christoph Weickmann (1617-1681) | Ulm, 1664 | Titelkupfer von Jonas Arnold del. (gest. 1669) und Matthäus Küsel sc. (1629-1681) | Gedr. Buch | 32 x 21 x 3,5 cm | Stadtbibliothek (StB) Ulm (Sign. 3694)

7/165 ›Taktisches Kriegs Spiel‹

George Leopold Baron von Reiswitz (1764-1828) Berlin | 1812 | Kommode mit drehbarer und aufklappbarer Deckplatte, darauf das Planraster des Spielfeldes, 11 Schübe mit Spielzubehör: Flache Holzplättchen mit Fragmenten verschiedener Landschaftsformationen (Flüsse, Hügellandschaften etc.), Porzellankuben mit Regimenterzeichen (in Unterglasurmalerei) | Zeichen für Verlust- und Gewinnanzeigen aus Pappe, Würfel, Holzzirkel | Lindenholz (Platte des Möbelkörpers) | Weißbuchenholz (Seiten und Schubladenvorderstücke) | bronzeimitierende Farbfassung (Füße) Erlenholz, bemalt (Landschaftsplättchen) | Porzellan (Kuben) | 87,8 x 129 x 72,5 cm | Potsdam, SPSG, Haus Hohenzollern, Nachlass SKH Dr. Louis Ferdinand Prinz von Preußen (Inv. HM 4740, Standort Schloss Charlottenburg)

7/166 Taktisches Kriegs-Spiel oder Anleitung zu einer mechanischen Vorrichtung um taktische Manoeuvres sinnlich darzustellen
Berlin | Brüder Gädicke, 1812 | George Leopold Baron von Reiswitz (1764–1828) | 97 Seiten, davon 24 Seiten Vorrede und Einleitung | beginnt mit V-XXVIII, enthält auch »literärisch-kritische Nachrichten über die Kriegsspiele der Alten und Neuen.« | 73 Seiten, Kapitel I-XI: Zweck des Spiels, Allgemeiner Anfang des Spiels, Beschreibung des Spiel-Terrains und Anleitung dasselbe zu bilden, Spielfiguren, Spielapparat, Bewegung der Truppenfiguren, Verbergen von Truppen etc. | Ohne Abbildungen und Titelkupfer, späterer Einband | 23,5 x 20 x 2 cm | Staatsbibliothek zu Berlin – Preußischer Kulturbesitz, Benutzungsabteilung (Inv. Os 18176)

7/167 Lotterietrommel mit Fortuna
München | um 1810 | Lindenholz, blaue Lüsterfassung, die geschnitzten Teile vergoldet, auf Eisenbodenplatte | 260 x 146 x 73 cm | München, Bayerisches Nationalmuseum (Inv. R 6460, Standort: Zentrale der Staatl. Lotterieverw. München.)

7/168 Maskenszene mit Kasseler Persönlichkeiten
1780/85 | Johann Heinrich Tischbein d. Ä. (1722–1789) | Öl auf Leinwand | 200 x 170 cm | Staatliche Museen Kassel (Inv. 1875/1166)

7/169 Schachspiel mit dem Tod
Niederrhein | um 1480–1490 | Meister BR mit dem Anker | Kupferstich, koloriert | Beschriftet und mit Monogramm | 30,2 x 22,4 cm | Staatliche Museen zu Berlin, Kupferstichkabinett (Lehrs VI Nr. 16)

7/170 Arabel und Willehalm beim Schachspiel
Illustration in den Exzerpten der Willehalm-Trilogie | Lavierte Federzeichnung | 50,5 x 34 cm (Seite) | In: Weltchronik des Heinrich von München | Bayern, 1. Viertel 15. Jh. | Staatsbibliothek zu Berlin – Preußischer Kulturbesitz, Handschriftenabteilung (Sign. Ms. germ. fol. 1416, f. 277r)

7/171 Der große Liebesgarten mit Schachspielern
Oberrhein | Mitte 15. Jh. | Meister E. S. (um 1420–1467) | Kupferstich | 16,8 x 21 cm | Staatliche Museen zu Berlin, Kupferstichkabinett (Inv. 7271)

7/172 Dominospiel
Niederländisch oder Flämisch | Anfang 17. Jh. | Bein, Reliefschnitzerei, Steine: 4 x 2,8 x 0,9 cm, Kasten: 23 x 19, 5 x , 2,3 cm | Amsterdam, Rijksmuseum (Department of Dutch History NG-1213)

7/173 Die Folgen des Spiels
Illustration in »Von der Artzney bayder Glück, des guten und des widerwärtigen« (De remediis utriusque fortunae), Kap. 27: Vom glückseligen Würffelspyl | Petrarca-Meister (i. e. Hans Weiditz 1518 – um 1536) | Augsburg 1532 | Neudruck

16. Jh. | Holzschnitt | 10,3 x 16,7 cm | Leinfelden-Echterdingen, Deutsches Spielkarten-Museum (Inv. B 1312)

7/174 Spielverbot
Handschriftliche Abschrift des Stadtrechts von 1276 | Augsburg 1465 | Papier, Tinte, gebunden | Blatt: 30,7 x 21,5 cm | Stadtarchiv Augsburg (Inv. Reichsstadt, Schätze Nr. 71)

7/175 Würfelbecher in der Art eines Lederbechers
Deutschland (?) | 18./19. Jh. | Kokosnuss, geschnitzt und poliert | H 11 cm | Staatliche Museen zu Berlin, Kunstgewerbemuseum (Inv. Hz 7118)

7/176 Würfel
Deutschland oder Frankreich | 15./16. Jh. | Stein, Bein, Silber vergoldet, mit gravierten Zahlen und Tierbildern | H 3,3 cm | Staatliche Museen zu Berlin, Kunstgewerbemuseum (Inv. F 1742)

7/177 Würfelautomat
Deutschland | ca. 1890 | Metall, Glas, Elfenbein, verziert mit japanischen Motiven | 12 x 12 x 12 cm | Espelkamp, Museum Gauselmann (Inv. 536)

7/178 Lucky Dice
Geldspielgerät | Leipzig, Fa. Jentsch & Meerz, 1927 | Holz | 64 x 44 x 22 cm | Espelkamp, Museum Gauselmann (Inv. 50)

7/179 a-c Stuttgarter Kartenspiel
Oberrhein/Süddeutschland (Basel?) | um 1430 | Karton, Kreidegrund (auf der Vorderseite) | Deckfarben und schwarze Tinte | Ritzvorzeichnungen über Goldgrund | die Rückseiten einheitlich rot | je 9 x 12 cm | Württembergisches Landesmuseum Stuttgart (Inv. KK 52, KK 41, KK 16) a) Falken-König b) Enten-Ober c) Hirsch-Unterhofdame

7/180 Karten des Stukeley-Typus mit den Farben Herz und Schelle
24 von 48 Blatt | Unbekannt (Bernhard Merkle?) Nürnberg | um 1550 | Holzschnitt, schablonenkoloriert | Rückseiten unbedruckt | jeweils: 7,2 x 4,6 cm | Staatliche Museen zu Berlin, Kunstbibliothek (Inv. 30, 83, Kasten-Nr. 4350)

7/181 Porzellan-Dose mit 4 Kästchen für Spielmarken
Meißen | um 1760 | Porzellan, Maldekor aus Kartenspielen | 7,5 x 17 x 12,2 cm | Staatliche Museen zu Berlin, Kunstgewerbemuseum (Inv. Hz 863)

7/182 Pariser Bild
3 Karten der kompletten Serie von 52 Blatt (König, Dame und Bube) | Frankreich | 1758–1764 | Pierre Marc | Holzschnitt, schablonenkoloriert, auf Karton aus mehreren Schichten | je 7,3 x 5,6 cm | Leinfelden-Echterdingen, Deutsches Spielkarten-Museum (Inv. 1988-166)

7/183 Revolutionäres Pariser Bild
Paris | um 1790 | Nicolas Danbrin (Hersteller) | 3 Karten der kompletten Serie von 32 Blatt (König, Dame, Bube) | Einfigurig, französische Farbzeichen | Holzschnitt, schablonenkoloriert, auf Karton aus mehreren Schichten | Rückseite unbedruckt | Aufdruck auf jeder Karte: DANBRIN A PARIS | je 8,1 x 5,5 cm | Leinfelden-Echterdingen, Deutsches Spielkarten-Museum (Inv. 1986-20)

7/184 Revolutionsspiel
Paris | 1793 | Entwurf Henri de Saint-Simon (1760–1825) | Verlag Urbain Jaume u. J. D. Dugourc | Ausgestellt: 5 Karten von 12 Blatt und ein Schuber | Einfigurig, französische Farben, Rückseite unbedruckt | Werte: 4 Genien (König), 4 Freiheiten (Damen), 4 Gleichheiten (Buben) | Radierungen | je 8,2 x 5,5 cm | Leinfelden-Echterdingen, Deutsches Spielkarten-Museum (Inv. 1975-19)

7/185 Lombardisches Tarock
9 Blatt, Tarocke: I (Gaukler), II (Päpstin), VII (Wagen), X (Glücksrad), XI (Stärke), XII (Galgen/der Hängende), XIII (Tod), XV (Teufel), XXI (Welt)/Triest/letztes Viertel 18. Jh./Angelo Valla, Hersteller/Druckgraphiken/Leinfelden-Echterdingen, Deutsches Spielkarten-Museum (Inv. B 143 Zug-Nr. 1965/14)

7/186 Mantegna-Tarock
2 Blatt: Sol (Sonne) und Forteza (Stärke) | Ferrara | um 1465 | Francesco del Cossa, Umkreis | 2 Kupferstiche, je 17,8 x 9,7 cm | Leinfelden-Echterdingen, Deutsches Spielkarten-Museum (Inv. B 125 Zug-Nr. 1954/217 und Zug Nr. 1952/164)

7/187 Kartenlosbuch »Il Giardino di Pensieri« (Der Garten der Gedanken)
Ferrara | 1540 | Marcolino da Forli (Druck) | Giuseppe Porta Grafagnino, gen. Giuseppe Salviati (ca. 1520–1570): Holzschnitte | Ludovico Dolce: Text | Leinfelden-Echterdingen, Deutsches Spielkarten-Museum

7/188 a-e Marseiller Spiel (Jeu de Marseille)
Marseille | 1983 | nach einer Vorlage von 1941 | 5 Karten aus einer Serie von 54 Blatt und Titelkupfer | Frédérick Delanglade, Wifredo Lam, Oscar Dominiquez, Max Ernst, André Masson, Jacques Hérold, Victor Brauner, Jacqueline, André Breton | Doppelfigurig, Phantasiefarben in Abwandlung französischer Farbzeichen, auf der Rückseite Diagonalgitter in Wellenlinien auf blauem Grund | Karton, Offsetdruck | je 9 x 5,8 cm | Leinfelden-Echterdingen, Deutsches Spielkarten-Museum (Inv. 1985-81) a) Wissen/Genie (Connaissance / Génie): Hegel b) Wissen / Magier (Connaissance/ Mage): Paracelsus c) Liebe/Magier (Amour / Mage): Novalis d) Traum/Sirene (Rêve / Sirène): Alice e) Revolution/Genie (Révolution/ Génie): Sade

7/189 Kaiawase (Awase-Typ)
5 Muschelkarten aus einer Serie von 16 | Japan, 18. Jh. | Muscheln, mit Deckfarben bemalt | Leinfelden-Echterdingen, Deutsches Spielkarten-Museum (Inv. B 1695 Zug.-Nr. 1959/15)

7/190 Hyakunin isshu uta karuta (Hundertdichterspiel)
8 aus einer Serie von 200 Blatt | Japan | 1853–1857 | Gouachemalerei auf Papier, auf Karton aufgezogen | Inschrift mit Tusche | je 8,3 x 5,5 cm | Leinfelden-Echterdingen, Deutsches Spielkarten-Museum (Inv. B 826 Zug.-Nr. 1955/220)

7/191 Majong-Spielkarten
7 Karten aus einer Serie von 153 Blatt | China (oder Europa) | Ende 19. Jh. | Maschinendruck auf dünnem Karton | je 8,2 x 2,2 cm | Leinfelden-Echterdingen, Deutsches Spielkarten-Museum (Inv. B 172 Zug.-Nr. 1952/213)

7/192 Mogul Ganjifa
96 Blatt (vollständige Serie) in einem bemalten Holzkasten mit Schiebedeckel | Rajasthan, Indien | um 1945 | Tempera auf mehrschichtigem Karton, lackiert | je Blatt: Dm 3,4 cm, Kasten 4,5 x 10 x 4,6 cm | Leinfelden-Echterdingen, Deutsches Spielkarten-Museum (Inv. B 254 Zug.-Nr. 1951/65)

7/193 Dashavatara Dikpala Ganjifa
5 hölzerne Spielkarten aus einer Serie von 384 | Rajasthan (Indien) | Ende 18./Anfang 19. Jh. | Tempera auf Holz, gefirnisst, Rückseite weiß | je 9,3 x 6,5 cm | Leinfelden-Echterdingen, Deutsches Spielkarten-Museum (Inv. B 1205 Zug.-Nr. 1958/121)

7/194 a-c Pacisi-Spiel
Unterlage, Steine und Würfel sind zeitgenössisch, aber nicht zusammengehörig | Indien | 2. Hälfte 19. Jh. | Staatliche Museen zu Berlin, Ethnologisches Museum, Süd- und Südostasien (Inv. I C 1983, Inv. I C 1985 a-q, I C 1984 a-c) a) Kreuzförmige Spielunterlage | Baumwolle (?) | farbige Textilapplikationen | 46,5 x 46,3 cm b) 16 kegelförmige Spielsteine (Kai) | in vier Farben | Bein, Dekor aus eingeritzten Ringen, Kreisen und Punkten | Dm 2,3 cm unten, H 2 cm c) Drei Würfel aus Bein | langrechteckig und konisch | H 0,8 cm, L 8,7 cm

7/195 a-f Verschiedene Computerspiele
Computerspiele Museum Berlin
a) **Space War** 1962 | Steven Russel u. a. | Originalversion für Großrechner
b) **Eliza** 1966 | Joseph Weizenbaum (geb. 1923) | Originalversion für Großrechner, in der Ausstellung die Fassung von 1985
c) **Life** 1972 | John Horton Conway | Fassung von 1985
d) **Little Computer People** 1984 | Activision (Hersteller)
e) **Simcity** 1989 | Maxis (Hersteller)
f) **Creatures** 1997 | Cyber-Life (Hersteller)

Alle Installationen sind für die Ausstellung entwickelt worden.

7.22 Die Couch

Akustische Installation | Tonspuren von rituellen Senoi-Gesängen | In Zusammenarbeit mit den Staatlichen Museen zu Berlin, Ethnologisches Museum, Referat Musikethnologie (Rolf-Dieter Gandert)

7.05 Radio-Sampling-Station

meso, Frankfurt am Main (www.meso.net) | Technische Daten: 5 Radios, Projektion, Kopfhörer, diverse Computerhardware, Tisch mit eingelassener Projektionsfläche | 200 x 200 cm | Konzeption, Programmierung und Gestaltung: Sebastian Oschatz in Zusammenarbeit mit Karl Kliem

Ein Spiel für mehrere Teilnehmer: Material aus dem laufenden Programm von 5 Berliner Radiosendern wird analysiert und automatisch in abstrakte Fragmente zerschnitten. Die Besucher können die Fragmente anhören, neu sortieren und zu abstrakten Klangcollagen kombinieren. Eine computeranimierte Projektion visualisiert die Vorgänge auf dem Spielfeld.

7.19 Mind-Reading-Machine II

Konzept und Realisierung: Philipp von Hilgers, Lehrstuhl für Ästhetik und Geschichte der Medien der Humboldt-Universität zu Berlin | Axel Roch, Kunsthochschule für Medien Köln, Fächergruppe Kunst- und Medienwissenschaft | Wissenschaftliche Betreuung: Professor Dr. Friedrich A. Kittler, Lehrstuhl für Ästhetik und Geschichte der Medien der Humboldt-Universität Berlin

Die Installation verwendet ein Eye-Gaze-Tracking-System (Blickverfolgungseinheit) auf der Basis von Infrarot-Videotechnologie, das mit einer Frequenz von 50 Hz die Augenbewegung des Besuchers misst. Generiert werden typografisch hochwertige und sich bewegende Textelemente. Grundlage der stochastischen Textsynthese bilden Markow-Modelle, die aus Texten des Internets mit Hilfe eines Agentenprogramms automatisch erstellt sind. Die Bildgenerierung und Textsynthese läuft auf einem Rechner der Pentium-Klasse unter Linux. Der Betrachter kann das Ergebnis des interaktiven Lese/Schreib-Prozesses als ausgedrucktes Dokument mitnehmen.

7.18 Geruch und Gedächtnis

Interaktive Medien-Installation | Wissens-Spiel zum Thema Geruch und Gedächtnis | Konzept und Realisierung: Spielprogrammierung und Produktion: eku interactive eK, Professor Eku Wand, Berlin | Tieraufnahmen: Heinz Busert Trickatelier, Berlin | Wissenschaftliche Betreuung: Professor Dr. Randolf Menzel und Dr. Giovanni Galizia, Institut für Neurobiologie, Freie Universität Berlin

Im »Spiel« sind wissenschaftliche Aufnahmen aus dem Gehirn der Biene und Außenaufnahmen vom Bienenflug über eine Wiese kombiniert. Aus einem Wissenspool sind Fachbegriffe aus der Gehirnforschung abrufbar.

7. 25 Das Labyrinth

Konzept und Realisierung: Dr. Peter Berz, Lehrstuhl für Ästhetik und Geschichte der Medien der Humboldt-Universität zu Berlin

Dreiteilige Installation: Computerspiel und zwei historische Filme. Das Spiel besteht aus der Simulation einer automatischen Maus, die — nach den Versuchen Claude Shannons — den Weg aus einem vom Besucher angelegten Labyrinth möglichst schnell finden muss. Verwendet wird ein Programm zur Abbildung von Lernprozessen auf der Basis der Mustererkennung (ähnlich der Steinbuchschen Lernmatrix). In das Spiel integriert ist eine computeranimierte Geschichte des Labyrinths. Das Spiel wird flankiert von einem Demonstrationsfilm zum Labyrinth »Theseus« von Claude Shannon, Bell Telephone Laboratories (USA) aus den fünfziger Jahren und von einem Film zu einem Labyrinthexperiment mit einer lebenden Maus im Labor.

→ traumkino

Alexandrian, Sarane *Le surréalisme et le rêve*
Paris 1974

Barck, Karlheinz *Surrealismus in Paris
1919-1939. Ein Lesebuch* | Leipzig 1990

Breton, André *Der Surrealismus und die
Malerei 1928-1965* | 1. Aufl. 1965 | Berlin 1967

Breton, André *Die kommunizierenden Röhren*
1. Aufl. 1932 | München 1988

Breton, André *Die Manifeste des Surrealismus*
1. Aufl. 1924/1929 | Hamburg 1984

Burke, Peter *Für eine Geschichte des Traums*
in: Der Freibeuter Nr. 27 | 1986 | S. 50-64

Deserno, M. (Hrsg.) *Das Jahrhundert der
Traumdeutung. Perspektiven psychoanalytischer
Traumforschung* | Stuttgart 1999

Domhoff, G. William *The Mystique of Dreams.
A Search for Utopia through Senoi Dream
Theory* | Berkeley (CA) 1985

Durozoi, Gérard *Histoire du mouvement
surréaliste* | Paris 1997

Ellenberger, Henry *Die Entdeckung des
Unbewußten* | Zürich 1985

Halonen, Arto *A Dreamer and the Dream
Tribe* | Dokumentarfilm (51 Min.) | Mandrake
Productions Ltd./Art Films Productions Ltd.|
Köln 1998

Hartmann, E. *Dreams and Nightmares.
The New Theory on the Origin and Meaning
of Dreams* | New York 1998

Hazarika, Anjali *Daring to Dream.
Cultivating Corporate Creativity through
Dreamwork* | New Delhi/London 1997

Heraeus, Stefanie *Traumvorstellung und
Bildidee* | Berlin 1998

James, Tony *Dream, Creativity and Madness
in Nineteenth Century France* | Oxford 1995

La Révolution surréaliste 1924-1929 | Repr.
Paris 1975

Lakoff, George | **Johnson, Mark** *Leben in
Metaphern. Konstruktion und Gebrauch von
Sprachbildern* | 1. Aufl.1980 | Heidelberg 1998

Langer, Susanne *Philosophie auf neuem Wege*
1. Aufl. 1942 | Frankfurt am Main 1965

Mertens, Wolfgang *Traum und Traumdeutung*
München 1999

Schnalke, Thomas *Asklepios, Heilgott und
Heilkult. Ausstellungskatalog des Instituts für
Geschichte der Medizin* | Erlangen 1990

Spector, Jack J. *Surrealist Art and Writing.
1919-1939. The Gold of Time* | Cambridge
1997

Stephen, Michele *Dreams and Creativity in
Papua New Guinea and Bali* | Vortrag auf der
15. Internationalen Konferenz der Association
for the Study of Dreams 1998

Warnke, Martin *Traumbilder* | in: Kursbuch
138 | Dez. 1999 | S. 117-127

→ tosende leere

Lichtenberg, Georg Christoph *Schriften und
Briefe* | in: Wolfgang Promies (Hrsg.) | Sudel-
bücher II, Materialhefte, Tagebücher | München
1971 | Bd. 2

Pfeiffer, Franz (Hrsg.) *Deutsche Mystiker
des 14. Jahrhunderts* | Leipzig 1857, Bd. 2:
Meister Eckhart | Nachdr. Aalen 1962

Seidl, Achim | **Holitzka, Klaus** *Die Leere
des Zen* | München 1992

→ bühne des ich

Boldt, Paul *In der Welt* | in: S. Vietta (Hrsg.) |
Lyrik des Expressionismus | Tübingen 1976

Deleuze, Gilles | **Guattari, Félix** *Kapitalismus
und Schizophrenie. Tausend Plateaus* | Berlin
1997 (franz. Orig. 1980)

Derrida, Jacques *Aufzeichnungen eines
Blinden* | hg. und Nachw. von Michael Wetzel |
München 1997 (franz. Orig. 1990)

Dostojewskij, Fjodor M. *Der Doppelgänger*
1. Aufl. 1846 | München 1986

Fichte, Johann Gottlieb *Die Bestimmung
des Menschen.Über die Würde des Menschen*
1. Aufl. 1794 | Leipzig 1976

Fichte, Johann Gottlieb *Erste Einleitung
in die Wissenschaftslehre, 1797* | in: Sämmt-
liche Werke, hg. von Immanuel Hermann Fich-
te | Berlin 1845

Fichte, Johann Gottlieb *Über den Gelehrten*
hg. v. Peter Goldammer | Berlin 1956

Gustave Flaubert | **George Sand**
(Briefwechsel) | Paris 1981, darin der Brief
von Gustave Flaubert an George Sand vom
12./13.1.1867

Hegel, Georg Wilhelm Friedrich *Vorlesungen
über die Geschichte der Philosophie* | hg v.
Eva Moldenhauer und K. M. Michel | Frankfurt
am Main 1971

Kleist, Heinrich von *Amphitryon* | Sämtliche
Werke und Briefe, hg. v. Helmut Sembdner |
Stuttgart 1970 | 2 Bde (1. Aufl. 1807)

Lacan, Jacques *Das Spiegelstadium als
Bildner der Ichfunktion. Bericht für den 16.
Internationalen Kongreß für Psychoanalyse
in Zürich am 17. Juli 1949* | in: ders., Schrif-
ten | ausgewählt und hg. v. Norbert Haas |
Olten 1973 | S. 61-70

Luhmann, Niklas *Wahrnehmung und Kommunikation an Hand von Kunstwerken*
in: Harm Lux, Philip Ursprung (Hrsg.) | Still-
stand switches | Ein Gedankenaustausch zur
Gegenwartskunst | Zürich 1991

Macho, Thomas *GesichtsVerluste* | in: Die
Faciale Gesellschaft | in: Ästhetik & Kommuni-
kation, Nr. 94/95 | Berlin 1996 | S. 25-28

Minsky, Marvin L. *The Society of Mind*
New York 1985

Montaigne, Michel de *Essais* | Auswahl und
Übers. von Herbert Lüthy | Zürich 1991

Ovidius Naso, Publius *Metamorphosen*
hg. v. Niklas Holzberg | Düsseldorf 1996 |
Buch III, Vers 339-510

Rimbaud, Arthur *Seher-Briefe/Lettres du
voyant* | übers. und hg. von Werner von Kop-
penfels | Mainz 1990

Sartre, Jean Paul *Der Idiot der Familie.
Gustave Flaubert 1821-1857* | Reinbek b.
Hamburg 1977 | Bd. 4

Singer, Wolf *Dialog der Gehirne* | in: Bild
der Wissenschaft, Nr. 7 | 1997 | S. 68-69

→ phantasie-flüge

Chomsky, Noam *Syntactic Structure*
Den Haag 1957

Donald, Merlin *Origins of the Modern Mind*
Cambridge (MA) u. London 1991

Dennett, D. | **Kinsbourne, M.** *Time and the
observer. The where and when of time in the
brain* | in : Behaviour Brain Sciences 15 | 1991 |
S. 183-247

Edelman, Gerald *Neural Darwinism*
New York 1987

Fodor, Jerry *Language of Thought*
Crowell 1975

George, N. | **Lachaux, J. P.** | **Martinerie, J.** |
Renault, B. | **Rodriguez, E.** | **Varela, F.**
*Perception's shadow: Long-distance synchro-
nization in the human brain* | in: Nature
Nr. 397 | 1999 | S. 340-343

Jaynes, Julian *The Origin of Consciousness
in the Breakdown of the Bicameral Mind*
Boston (MA) 1977

Kamper, Dietmar *Zur Geschichte der Ein-
bildungskraft* | Hamburg 1990

Kauffman, Stuart *The Origins of Order*
Oxford 1993

Kosslyn, S. *Image and Brain: The resolution
of the imagery debate* | Boston 1994

Maturana, Humberto | **Varela, Francisco**
Autopoiesis and Cognitio | Dordrecht 1980

Mellet, E. | **Petit, L.** | **Mazoyer, B.** | **Denis, B.** |
Tzorio, N. *Reopening the mental imagery ebate:
Lessons from functional anatomy* | in: Neuro-
image 8 | 1988 | S.129-139

Neisser, Ulrich *Cognition and Reality*
New York 1975

Newell, Allen *Unified Theories of Cognition*
Cambridge (MA) u. London 1990

Ornstein, Robert *Evolution of Consciousness*
Upper Saddle River (NJ) 1991

Penrose, Roger *The Emperor's New Mind*
Cambrige (MA), London 1992

Pöppel, E. | **Schill, K.** *Time perception:
Problems of representation and processing*
in: M. A. Arbib (Hrsg.) | Handbook of Brain
Theory and Neural Networks | Cambridge 1995 |
S. 987-990

Singer, K. S. | **Pope, Jerome L.**
*Anwendung der Imaginations- und Phantasie-
techniken in der Psychotherapie* | in: Singer u.
Pope (Hrsg.) | Imaginative Verfahren in der
Psychotherapie | engl. Orig. 1978 | Paderborn
1986

Stapp, Henry *Mind, Matter and Quantum
Mechanics* | New York 1993

Unger, Peter *Identity, Consciousness and
Value* | Oxford 1990

Varela, F. *Invitation aux Sciences Cognitives*
Paris 1989 | Neuaufl. 1992

Varela, F. | **Thompson, E.** | **Rosch, E.**
*The Embodied Mind: Cognitive science
and human experience* | Cambridge 1991

Varela, F. *The specious present: The europheno-
menology of time consciousness* | in: Petitot, J. |
Varela, F. | Pachoud, B. u. Roy, J. M. (Hrsg.) |
Naturalizing Phenomenology | Stanford 1999 |
Neuron | Nr. Sept. 1999

Varela, F. *Resonant cell assemblies: A new approach to cognitive functioning and neuronal synchrony* | in: Biology Research 1995 | Nr. 28 | S. 81–95

→ starke gefühle

Damasio, Antonio R. *Descartes' Irrtum. Fühlen, Denken und das menschliche Gehirn* München 1997 (Orig. engl. 1994)

Damasio, Antonio R. *The Feeling of What Happens: Body, Emotion and the Making of Consciousness* | 1999

Herder, Johann Gottfried *Zum Sinn des Gefühls* | 1769 | in: Werke in 10 Bänden | Frankfurt am Main | Bd. 4 | S. 233–242

Lakoff, George | Johnson, Mark *Philosophy in the Flesh: The Embodied Mind and its Challenge to Western Thought* | 1999

→ nase-weisheiten

Le Guérer, Annick *Die Macht der Gerüche Eine Philosophie der Nase* | Stuttgart 1992 (Orig. frz. 1988)

Wesselski, Albert *Der Sinn der Sinne: Ein Kapitel der ältesten Menschheitsgeschichte* Prag u. Leipzig 1934

→ das spiel ist eröffnet

Calvo, R. *Die Hypothese von Johannes Kohtz* in: Homo Ludens V | 1994 | S. 29 ff.

Euler, Leonhard *Solutio problematis ad Geometriam situs pertinentis* | in: Akademie der Wissenschaften | Berlin 1759

Finkel, Irving L. *Board Games and Fortune-telling: A Case from Antiquity* | in: Alexander J. de Voogt (Hrsg.) | New Approaches to Board Games Research | Leiden 1995 | S. 64 ff.

Heinrich, Ernst | Seidl, Ursula *Die Tempel und Heiligtümer im alten Mesopotamien* Berlin 1982

Heller, John L. *A Labyrinth from Pylos?* in: American Journal of Archeology | Bd. 65 | 1961 | S. 57–62

Jaynes, Julian *Der Ursprung des Bewußtseins* Amerik. Orig. 1976 | Reinbek b. Hamburg 1993

Karusu, S. *Der Erfinder des Würfels* in: Athener Mitteilungen 88 | 1973 | S. 59 f.

Kendall, T. *Le jeu de »Senet«* | in: Jouer dans l'Antiquité | Ausstellungskat. | Marseille 1991 | S. 130 ff.

Kern, Hermann *Labyrinthe* | München 1983

Lamer, H. *Stichwort »lusoria tabula«* in: Paulys Real-Encyclopädie der classischen Altertumswissenschaft | 1927 | Sp. 1900 ff.

Lucas, Edouard *Récréations mathématiques* Paris 1884–1894 | Bd I, (Repr. 1977–79) | S. 21–55

Murray, Harold J. R. *A History of Board Games other than Chess* | Oxford 1952

Murray, Harold J. R. *A History of Chess* Oxford 1913

Nollé, J. *Südkleinasiatische Losorakel in der römischen Kaiserzeit* | in: Antike Welt 3 | 1987 | S. 41 ff.

Röllicke, H.-J. *Von »Winkelwegen«, »Eulen« und »Fischziehern« – liubo: ein altchinesisches Brettspiel für Geister und Menschen* | in: Board Games Studies 2 | 1999 | im Druck

Rothöhler, B. und Mehen *God of the Board Games* | in: Board Games Studies 2 | 1999 | im Druck

Schädler, U. *Damnosa Alea. Würfelspiel in Griechenland und Rom* | in: 5000 Jahre Würfelspiel | Ausstellungskat. | Salzburg 1999 | S. 39 ff.

ders. *Mancala in Roman Asia Minor?* in: Board Games Studies 1 | 1998 | 10 ff.

ders. *Sphären-»Schach«* | Vortrag, gehalten während des 5. Symposiums der Initiativgruppe Königstein | Hamburg 26.–28. 11. 1999 | im Druck

ders.. *Spielen mit Astragalen* | in: Archäologischer Anzeiger | 1996 | S. 61 ff.

ders. *XII Scripta, Alea, Tabula – New Evidence for the Roman History of »Backgammon«* | in: Alexander J. de Voogt (Hrsg.) | New Approaches to Board Games Research | Leiden 1995 | S. 73 ff.

Shannon, Claude Elwood *Eine Maschine, die Labyrinthe löst* | in: Kittler, F. A. | Hauptmann, D. | Roch, A. | Berz, P. (Hrs.) | Ein/Aus. Schriften zur Nachrichtentheorie | Berlin 2000

Thorndike, Edward L. *Animal Intelligence* 1. Aufl. New York 1898 | 1911

W. van Binsbergen *Divination and Board Games* | Manuskript des Vortrages für das Kolloquium »Board Games in Academia« | Leiden 9.–13. 4. 1995

Wieber, R. *Das Schachspiel in der arabischen Literatur von den Anfängen bis zur zweiten Hälfte des 16. Jahrhunderts* | Bonn 1972

Wüst, E. *Stichwort »Palamedes«* | in: Paulys Real-Encyclopädie der classischen Altertumswissenschaft | 1942 | Sp. 2505 ff.

SALWA BAKR

geb. 1949 in Kairo, Schriftstellerin; 1972 Absolventin des Fachbereichs für Management an der Aain Schams Universität Kairo, 1976 Magister am Institut für Theaterwissenschaft in Kairo, Redakteurin für Theater- und Filmkritik an mehreren ägyptischen und arabischen Zeitschriften; Veröffentlichung von sechs Erzählsammlungen und fünf Romanen, die in verschiedene Sprachen übersetzt wurden. Auf Deutsch sind bisher drei Werke erschienen.

BODO-MICHAEL BAUMUNK

Ausstellungsleitung u. a. von »Berlin, Berlin« (1987), »Darwin und Darwinismus« (Dresden 1994), Gestaltung der Dauerausstellung der Franckeschen Stiftungen (Halle 1995). Freier Ausstellungsorganisator.

PETER BERZ

geb. 1959, Studium der Philosophie und Germanistik in Wien, Freiburg und Hamburg. Promotion über maschinentechnische Standardisierung um 1900 (»08/15. Ein Standard des 20. Jahrhunderts«), 1995–1999 wissenschaftlicher Mitarbeiter des Forschungsprojekts »Geschichte und Systematik der digitalen Medien«, Mitherausgeber ausgewählter Schriften des amerikanischen Nachrichtentheoretikers Claude E. Shannon; seit 1999 wissenschaftlicher Assistent am Lehrstuhl für Ästhetik und Geschichte der Medien an der Humboldt-Universität zu Berlin.

CHRISTINA VON BRAUN

geb. 1944, Kulturtheoretikerin, Autorin und Filmemacherin; Studium in den USA und Deutschland, 1961–81 in Paris als freischaffende Autorin und Filmemacherin ansässig, 1991–93 Fellow am Kulturwissenschaftlichen Institut in Essen, seit 1994 Professorin für Kulturwissenschaft an der Humboldt-Universität zu Berlin; Forschungsschwerpunkt: Geschlechterstudien, Medien, Religion und Moderne, Antisemitismus; ca. fünfzig Filmdokumentationen und Fernsehspiele zu kulturgeschichtlichen Themen sind bisher erschienen, u.a. »Vom Sinn des Sehens. Augen-Blicke der Geschlechter« 1994, »Das geteilte Ich. Gestalten des Selbst in der Moderne« 1996; ferner Bücher und Aufsätze über das Wechselverhältnis von Geistesgeschichte und Geschlechterrollen, zuletzt »Multiple Persönlichkeit. Krankheit, Medium oder Metapher?«, hg. zus. M. Gabriele Dietze, Frankfurt am Main 1999.

ANTONIO R. DAMASIO

Direktor der Abteilung für Neurologie an der Universität Iowa in Iowa City und Gastprofessor am Salk Institute in La Jolla. Damasio ist Mitglied führender Akademien und mehrfacher Preisträger. Seine jüngste Veröffentlichung, »The Feeling of What Happens«, wurde von der New York Times und Publishers Weekly zu einem der besten Bücher 1999 gekürt. Die vorhergehende Publikation, »Descartes' Irrtum«, liegt in deutscher Übersetzung vor.

STEPHANIE HERAEUS

geb. 1967, Studium der Kunstgeschichte, Geschichte und Psychologie in Heidelberg, Paris, Hamburg und Frankfurt am Main, 1994 Forschungsaufenthalt in Ann Arbor und Chicago, seit 1996 Kollegiatin des Graduierten Kollegs »Psychische Energien bildender Kunst« und Promotion, 1996–98 wissenschaftliche Volontärin bei den Staatlichen Museen Kassel, seit 1999 Werkvertrag bei den Staatlichen Museen Kassel zur Erarbeitung des Bestandskataloges »Malerei des 18. Jahrhunderts«.

PHILIPP VON HILGERS

geb. 1971, Studium in Düsseldorf und Berlin, Abschluss in Kommunikationswissenschaften, Kulturwissenschaften und Neuerer Deutscher Literatur. Forschungsinteressen: Geschichte der Signalverarbeitung, ihrer Apparate, Systeme und Spiele in kultureller, systemtheoretischer und mathematischer Hinsicht. Abschlussarbeit über die Rekonstruktion des taktischen Kriegsspiels und seine Aktualität vor dem Hintergrund heutiger digitaler Systeme. Teilnahme an »Konfigurationen. Zwischen Kunst und Medien« (parallel zur documenta X) mit dem Beitrag »Eine Maschine, die Gedanken liest. A 8 Bit History«, publiziert auf der CD-ROM gleichen Titels von Sigrid Schade und Georg Christoph Tholen 1999, ebenfalls zugänglich unter http://www. mikro.org/Events/ 19991006/hilgers.html.

MARGRET KAMPMEYER-KÄDING

Studium der Kunstgeschichte in Berlin, Promotion in Hamburg. Nach Lehraufträgen an der Freien Universität Berlin langjährige Ausstellungstätigkeit für die Neue Gesellschaft für Bildende Kunst. 1989–1990 Museumsassistentin an den Staatlichen Museen zu Berlin, danach wissenschaftliche Mitarbeiterin am dortigen Kupferstichkabinett. Seit 1996 wissenschaftliche Mitarbeiterin bei den Berliner Festspielen.

MANFRED KRAUSE

geb. 1933, nach dem Studium der Elektrotechnik ab 1961 Assistenz am Lehrstuhl für Musikwissenschaft der Technischen Universität bei den Professoren H. H. Stuckenschmidt und F. Winckel. Hauptarbeitsgebiete waren die Analyse und Synthese von Sprache und Musik sowie Raum- und Elektroakustik. Nach Promotion und Habilitation 1979 Berufung an das Fachgebiet »Kommunikationswissenschaftliche Grundlagen von Sprache und Musik« der Technischen Universität. Forschungsgebiete waren Kommunikationshilfen für Sprach- und Hörbehinderte, Mehrkanal-Raumtonsysteme, Ästhetik der technischen Reproduktion von Sprache und Musik. Seit April 1999 im Ruhestand. Weitere Forschungen auf dem Gebiet der Multimedia-Technik für die Lehre.

ANDREA LESJAK

geb. 1967, studierte Kunstgeschichte, Theater- und Literaturwissenschaft an der Ludwig-Maximilians-Universität in München, und Medienkunst und Szenographie an der Hochschule für Gestaltung in Karlsruhe. Forschungsschwerpunkte sind Kunst, Theater und Performances im 20. Jahrhundert; daneben arbeitete sie für Ausstellungen und Tanztheaterprojekte. Seit 1998 ist Andrea Lesjak Mitglied des Graduiertenkollegs »Psychische Energien bildender Kunst« am Kunstgeschichtlichen Institut der Universität Frankfurt am Main und promoviert über Picassos bildnerische Auseinandersetzung mit dem künstlerischen Werkprozess.

RANDOLF H. R. MENZEL

geb. 1940, Studium der Biologie, Chemie, Physik in Frankfurt am Main und Tübingen, seit 1976 Professor am Institut für Tierphysiologie und Angewandte Zoologie an der Freien Universität Berlin und Leiter des Instituts für Neurobiologie; Forschungsschwerpunkte: Farbensehen, Duftwahrnehmung, Neurobiologie von Lernen und Gedächtnis; Forschungsaufenthalte in Brasilien, USA, Australien und Israel, 1991 Leibniz-Preis der Deutschen Forschungs Gesellschaft, 1992–95 Präsident der International Society for Neuroethology (ISN), 1993 Gründungsmitglied der Berlin-Brandenburgischen Akademie der Wissenschaften, seit 1996 u. a. Sprecher des Sonderforschungsbereichs »Mechanismen entwicklungs- und erfahrungsabhängiger Plastizität des Nervensystems«.

WOLFGANG MERTENS

geb. 1946, Professor für Klinische Psychologie an der Ludwig-Maximilians-Universität München mit dem Schwerpunkt Psychoanalyse in der Klinischen Psychologie, Psychoanalytiker (DGPT). Veröffentlichungen zur psychoanalytischen Behandlungstechnik, Entwicklungspsychologie, Krankheitslehre, Methodologie und Traumforschung. Letzte Veröffentlichung zusammen mit Bruno Waldvogel: Handbuch psychoanalytischer Grundbegriffe, erscheint im April 2000.

SASKIA PÜTZ

geb. 1971, Studium der Kunstgeschichte, Philosophie und Komparatistik in Tübingen und Berlin, Abschlussarbeit über das Sammeln als künstlerische Aufgabe im 20. Jahrhundert; Mitarbeit an der EDV-gestützten Dokumentation der Stundenbücher des Herzogs von Berry an der Freien Universität Berlin.

PIERO SCARUFFI

Mathematiker, Hirnforscher, Dichter und Musikkritiker. Studium der Mathematik in Turin. 1983 Leiter des Zentrums für Künstliche Intelligenz der Olivetti-Niederlassung in den Vereinigten Staaten, dann Gründungsdirektor des Olivetti Research Center. Forschungsaufenthalte an der Harvard Universität 1984 und an den Knowledge System Laboratories in Stanford 1995/96. Zahlreiche Veröffentlichungen und Vorträge über Künstliche Intelligenz und die Theorie des Bewusstseins: zuletzt Lehraufträge am University Center in Berkeley und am California Institute for Integral Studies. Daneben schreibt Scaruffi Gedichte in italienischer Sprache, für die er mit 7 Nationalpreisen ausgezeichnet wurde und veröffentlichte Publikationen und Artikel über Rock and Roll und Avantgarde-Musik.

ULRICH SCHÄDLER

geb. 1958, 1978–1981 Studium der Architektur an der TH Darmstadt, 1981–84 der klassischen Archäologie, der Vor- und Frühgeschichte und Alten Geschichte an der Universität Frankfurt am Main. 1984–1985 Studium an der Università La Sapienza in Rom. Studienaufenthalt in Rom 1987. 1989 Promotion über »Attizismen an ionischen Tempeln Kleinasiens«, anschließend Volontariat am Regionalmuseum Xanten. 1991-1996 Wissenschaftlicher Mitarbeiter am Archäologischen Institut der Universität Frankfurt und 1997–99 am Hessischen Landesmuseum Darmstadt. Seit 1995 Mitarbeiter an der Ausgrabung Ephesos des Österreichischen Archäologischen Instituts; wissenschaftliche Veröffentlichungen zur griechischen Architektur, zur antiken Plastik, zur Theorie und Geschichte der Archäologie und der Antikenrezeption sowie zu antiken Spielen. Mitherausgeber der Zeitschrift »Board Games Studies«.

FRANCISCO J. VARELA

geb. 1946 in Chile, 1970 Promotion in Biologie in Havard; lebt und arbeitet derzeit in Frankreich als Direktor der Forschungsabteilung des Centre National de la Recherche Scientifique (CNRS); Forschungsschwerpunkt: biologische Mechanismen von Kognition und Bewusstsein; Autor zahlreicher Artikel und Herausgeber u. a. von »The Embodied Mind« (MIT Press 1992) und zuletzt von »Naturalizing Phenomenology; Contemporary Issues in Phenomenology and Cognitive Science« (Stanford University Press 1999).

SABINE VOGEL

geb. 1955, 1981 Promotion in Köln über Picasso, 1994 Kuratorin und Katalogredakteurin von »Iskele«, zeitgenössische Kunst aus der Türkei, ifa Institut Berlin/Stuttgart; 1994–1995 Assistentin und Katalogredakteurin bei »Africus«, 1. Biennale von Johannesburg; 1995 Assistentin von René Block, des künstlerischen Leiters der Ausstellung »OrientATIONS«, 4. Biennale von Istanbul, sowie Katalogredaktion; lebt und arbeitet als Redakteurin, Autorin (»Auf Dienstreisen« 1999) und seit 1997 als Ausstellungskoordinatorin im Haus der Kulturen der Welt in Berlin.

_abbildungsnachweis